COLEÇÃO

INTELIGÊNCIA ARTIFICIAL

ENGENHARIA DE PROMPT

VOLUME 6

OS MELHORES PROMPTS

Prof. Marcão – Marcus Vinícius Pinto

Aviso de isenção de responsabilidade:

Observe que as informações contidas neste documento são apenas para fins educacionais e de entretenimento. Todos os esforços foram feitos para fornecer informações completas precisas, atualizadas e confiáveis. Nenhuma garantia de qualquer tipo é expressa ou implícita.

Ao ler este texto, o leitor concorda que, em nenhuma circunstância, os autores são responsáveis por quaisquer perdas, diretas ou indiretas, incorridas como resultado do uso das informações contidas neste livro, incluindo, mas não se limitando, a erros, omissões ou imprecisões.

ISBN: 9798343826050

Selo editorial: Independently published

Sumário

Seja bem-vindo!

Este livro, que você tem em mãos, faz parte da coleção "Inteligência Artificial: o poder dos dados", uma jornada fascinante e abrangente pelo mundo da inteligência artificial.

Nossa missão é oferecer um guia completo e acessível para aqueles que desejam compreender e dominar os conceitos, ferramentas e aplicações que moldam o futuro da tecnologia.

Se você é um profissional de dados, cientista de dados, engenheiro de software, estudante ou simplesmente alguém curioso sobre o impacto da inteligência artificial em nossas vidas, este livro foi escrito para você.

Em um mundo cada vez mais digital, os dados se tornaram o novo petróleo. São a matéria-prima que alimenta os algoritmos de aprendizado de máquina e impulsiona a tomada de decisões em diversas áreas, desde a medicina até o marketing.

Neste livro, exploraremos a importância dos dados na construção de modelos de inteligência artificial, desde a coleta e preparação até a análise e a interpretação dos resultados.

Mas os dados sozinhos não são suficientes. É a capacidade de transformar dados em informação e, posteriormente, em conhecimento que diferencia a inteligência artificial da mera computação.

Ao longo deste livro, você aprenderá a extrair insights valiosos de grandes volumes de dados, a identificar padrões e tendências, e a construir modelos preditivos capazes de tomar decisões inteligentes.

A inteligência artificial apresenta um vasto leque de oportunidades, mas também traz consigo desafios complexos, como a privacidade dos dados, a ética na utilização da tecnologia e a necessidade de profissionais qualificados. Neste livro, abordaremos esses desafios de forma transparente e crítica, oferecendo soluções e perspectivas para um futuro mais justo e equitativo.

Este livro é um convite para você embarcar em uma jornada de descoberta. Ao longo das páginas, você encontrará exemplos práticos, estudos de caso e dicas valiosas que o ajudarão a aplicar os conceitos aprendidos em seus projetos.

Assim como Nick Bostrom, Stuart Russell e Peter Norvig, grandes nomes da inteligência artificial, buscamos oferecer uma visão abrangente e aprofundada sobre o tema.

No vasto e dinâmico campo da inteligência artificial, a precisão e a clareza das interações com sistemas de IA são determinantes para o sucesso das soluções. Este livro, "Engenharia de Prompt - Volume 6: Os Melhores Prompts", faz parte da coleção "Inteligência Artificial: O Poder dos Dados", disponível na Amazon, que oferece uma visão abrangente e prática sobre as diferentes facetas da IA e do machine learning, com ênfase na importância do dado como base essencial da informação.

Esta coleção tem como objetivo tornar acessível o conhecimento necessário para que profissionais de diversas áreas dominem as ferramentas que estão redefinindo o mundo moderno.

O objetivo é que você, ao final desta leitura, esteja equipado para explorar as infinitas possibilidades da inteligência artificial e contribuir para a construção de um futuro mais inteligente e conectado.

Cada livro oferece uma nova perspectiva, novas ferramentas e uma oportunidade única de se tornar um especialista em um dos campos mais fascinantes e transformadores do nosso tempo.

Boa leitura!

Bons aprendizados!

Prof. Marcão - Marcus Vinícius Pinto

Mestre em Tecnologia da Informação
Especialista em Tecnologia da Informação.
Consultor, Mentor e Palestrante sobre Inteligência Artificial,
Arquitetura de Informação e Governança de Dados.
Fundador, CEO, professor e
orientador pedagógico da MVP Consult.

1 PROMPTS.

1.1 Comunique-se de forma mais eficaz, obtendo feedback

prompt:

"Reveja minha mensagem abaixo. Tornar ela mais concisa e clara e sugerir maneiras de torná-la mais impactante e inspiradora para minha   equipe."

1.2 Promover maior responsabilidade e atenção aos resultados.

Prompt:

"Quero gerar maior responsabilidade e criar uma cultura focada em resultados na minha equipe. Atuando como meu coach de liderança, sugira um conjunto de estratégias práticas para alcançar isso."

Resultado:

Estratégias Práticas para Gerar Maior Responsabilidade e Criar uma Cultura Focada em Resultados em sua Equipe:

1. Defina metas claras e alcançáveis:

- Estabeleça metas SMART (Específicas, Mensuráveis, Atingíveis, Relevantes e Temporizáveis) para cada membro da equipe e para a equipe como um todo.
- Certifique-se de que todos os membros da equipe compreendam as metas e como seu trabalho contribui para o alcance delas.

- Divida grandes metas em objetivos menores e mais gerenciáveis.
- Revise as metas regularmente e faça ajustes conforme necessário.

2. Comunique-se com clareza e transparência:

- Mantenha uma comunicação aberta e honesta com sua equipe.
- Forneça feedback regular e construtivo sobre o desempenho individual e da equipe.
- Incentive a comunicação bidirecional e seja receptivo ao feedback dos membros da equipe.
- Realize reuniões regulares para discutir o progresso, os desafios e as oportunidades.

3. Dê autonomia e empoderamento à equipe:

- Confie em sua equipe e dê a ela a autonomia para tomar decisões e resolver problemas.
- Forneça à equipe os recursos e o suporte de que precisa para ser bem-sucedida.
- Incentive a iniciativa e a proatividade entre os membros da equipe.
- Reconheça e recompense as conquistas da equipe.

4. Promova a colaboração e o trabalho em equipe:

- Crie um ambiente de trabalho colaborativo onde os membros da equipe se sintam apoiados e respeitados.

- Encoraje o compartilhamento de conhecimentos e ideias entre os membros da equipe.
- Incentive o trabalho em equipe em projetos e tarefas.
- Celebre os sucessos da equipe como um todo.

5. Seja um líder exemplar:

- Seja o modelo de comportamento que você espera de sua equipe.
- Demonstre responsabilidade, compromisso e foco em resultados em seu próprio trabalho.
- Seja honesto, íntegro e ético em suas ações.
- Seja um líder inspirador e motivador.

6. Forneça treinamento e desenvolvimento:

- Invista no desenvolvimento profissional de sua equipe.
- Ofereça treinamento e oportunidades de aprendizado que ajudem os membros da equipe a aprimorar suas habilidades e conhecimentos.
- Incentive os membros da equipe a participar de conferências, workshops e outros eventos de desenvolvimento profissional.
- Apoie o desenvolvimento pessoal e profissional dos membros da equipe.

7. Crie um ambiente de reconhecimento e recompensa:

- Reconheça e recompense os membros da equipe por seus esforços, conquistas e realizações.
- Ofereça incentivos e recompensas que sejam significativos para os membros da equipe.

- Crie um ambiente onde os membros da equipe se sintam valorizados e apreciados.
- Celebre os sucessos da equipe como um todo.

8. Monitore e avalie o progresso:

- Monitore regularmente o progresso da equipe em direção às metas.
- Avalie a efetividade das estratégias implementadas para gerar maior responsabilidade e criar uma cultura focada em resultados.
- Faça ajustes nas estratégias conforme necessário.
- Comemore os sucessos e aprenda com os fracassos.

Tenha em mente:
- A mudança leva tempo e esforço.
- Seja paciente e persistente na implementação dessas estratégias.
- Adapte essas estratégias para atender às necessidades específicas da sua equipe e da sua organização.
- Busque feedback dos membros da equipe e faça ajustes conforme necessário.

Ao implementar essas estratégias práticas, você pode criar um ambiente de trabalho mais responsável e focado em resultados, o que levará ao aumento da produtividade, da satisfação da equipe e do sucesso geral da sua organização.

Observações:

Este é apenas um ponto de partida. Você pode precisar adaptar essas estratégias para atender às necessidades específicas da sua equipe e da sua organização.

É importante obter feedback dos membros da equipe e fazer ajustes conforme necessário.

A mudança leva tempo e esforço. Seja paciente e persistente na implementação dessas estratégias.

Ao seguir essas dicas, você estará no caminho certo para criar uma equipe mais responsável e focada em resultados.

1.3   Melhore sua tomada de decisão.

Prompt:

"Quero melhorar minhas habilidades de tomada de decisão. Forneça um plano de aprendizagem de 30 dias que me ajude a tomar decisões melhores"

1.4   Obtenha insights acionáveis de livros de liderança.

Prompt:

"Compartilhe as lições e insights de liderança mais importantes do livro [inserir livro] de [inserir autor]. Para cada insight sugira uma maneira de incorporá-la."

1.5   Receba mentoria dos maiores líderes da história.

Prompt:

"Suponha que você é [um líder famoso, por exemplo, Nelson Mandela]. Considere minha situação abaixo e dê feedback como se você fosse [inserir líder novamente]."

[descreva sua situação]

1.6   Aprimore suas habilidades de resolução de problemas como líder.

Prompt:

"Aja como se você fosse meu treinador de liderança. Forneça um guia passo a passo para resolver [inserir um desafio de liderança]."

1.7   Forneça feedback construtivo. Esse vale milhões!

Prompt:

"Gostaria de dar um feedback construtivo a um indivíduo sobre a questão abaixo. Forneça uma maneira estruturada de fornecer esse feedback que demonstre empatia enquanto aumenta a probabilidade de um resultado positivo."

[descrever problema]

1.8 Adote uma abordagem 80/20 para o desenvolvimento da liderança.

Prompt:

"Quero me tornar um líder melhor. Identificar e compartilhar os 20% mais cruciais das lições de liderança que irão melhorar 80% das minhas habilidades de liderança."

1.9 Use histórias e metáforas para se comunicar e inspirar poderosamente.

Prompt:

"Quero passar a mensagem abaixo. Por favor, sugira histórias e metáforas relacionáveis que eu possa usar para comunicar poderosamente a mensagem e inspirar minha equipe."

Resultado:

Histórias e Metáforas para Comunicar sua Mensagem de Forma Poderosa e Inspiradora:

1. A História do Escalador:

> Imagine um escalador experiente enfrentando um desafio aparentemente intransponível. A cada passo, ele enfrenta obstáculos e dúvidas, mas sua determinação e persistência o impulsionam a seguir em frente.

Ao longo da jornada, ele encontra apoio em seus companheiros de equipe, que o motivam e o ajudam a superar os momentos mais difíceis. Finalmente, após muito esforço e trabalho em equipe, o escalador alcança o topo da montanha, desfrutando de uma vista icrível e da sensação de conquista.

Metáfora:

Assim como o escalador, sua equipe enfrenta desafios e obstáculos em sua jornada profissional. No entanto, a união, a determinação e o trabalho em equipe podem superar qualquer obstáculo e levar ao sucesso.

2. A Metáfora da Orquestra:

Em uma orquestra sinfônica, cada músico toca seu instrumento com maestria, mas é a harmonia entre todos os instrumentos que cria a beleza da música.

Cada músico tem um papel importante a desempenhar, e o sucesso da orquestra depende da colaboração e do trabalho em equipe de todos os membros.

Metáfora:

Assim como os músicos de uma orquestra, cada membro da sua equipe possui habilidades e talentos únicos. Ao trabalhar em conjunto com sinergia e colaboração, a equipe pode alcançar resultados extraordinários.

3. A História do Jardineiro:

Um jardineiro dedicado planta sementes com cuidado, sabendo que o crescimento leva tempo e exige paciência.

Ele rega as plantas regularmente, protege-as das pragas e ervas daninhas e observa com atenção o seu desenvolvimento. Com o tempo e o cuidado adequado, as sementes brotam, florescem e se transformam em um belo jardim.

Metáfora:

Assim como o jardineiro cuida de suas plantas, você deve cuidar da sua equipe. Ao investir no desenvolvimento individual e na criação de um ambiente de trabalho positivo, você pode ajudá-los a alcançar seu pleno potencial.

4. A Metáfora do Navio:

Um navio navega pelos mares, enfrentando ondas, tempestades e desafios. A tripulação trabalha em conjunto, cada membro desempenhando seu papel com responsabilidade e cuidado. O capitão lidera a equipe com sabedoria e experiência, tomando decisões que garantem a segurança e o sucesso da viagem.

Metáfora:

Assim como a tripulação de um navio, sua equipe enfrenta desafios e obstáculos em sua jornada profissional.

O seu papel como líder é guiá-los com sabedoria, fornecer as ferramentas e o apoio necessários, e inspirá-los a trabalhar juntos para alcançar o sucesso.

5. A História do Construtores:

Um grupo de construtores se une para erguer um grande edifício. Cada um possui habilidades e conhecimentos específicos, mas é a colaboração e o trabalho em equipe que garantem a solidez e a beleza da construção.

Eles se comunicam de forma eficaz, resolvem problemas em conjunto e celebram cada etapa concluída com alegria e orgulho.

Metáfora:

Assim como os construtores de um edifício, sua equipe trabalha em conjunto para alcançar um objetivo comum. Ao valorizar as habilidades e conhecimentos de cada membro, você pode criar um ambiente de trabalho colaborativo e produtivo, onde todos se sentem engajados e motivados a contribuir para o sucesso da equipe.

Dicas para Usar Histórias e Metáforas de Forma Eficaz:

Escolha histórias e metáforas relevantes para o contexto da sua equipe e da sua mensagem.

Conte as histórias com entusiasmo e paixão para inspirar sua equipe.

Relacione as histórias e metáforas com os objetivos e desafios da equipe.

Incentive a reflexão e a discussão entre os membros da equipe.

Use as histórias e metáforas como ferramentas para fortalecer o trabalho em equipe e a colaboração.

Ao usar histórias e metáforas de forma criativa e inspiradora, você pode comunicar sua mensagem de forma poderosa, motivar sua equipe e alcançar resultados extraordinários.

1.10   Prompts curtos e muito eficientes.

1. Elabore uma estratégia de negociação para um acordo de fusão internacional, considerando as diferenças culturais e legislativas envolvidas.

2. Descreva um plano de ação eficaz para liderar uma equipe através de uma reestruturação corporativa, mantendo a moral e a produtividade.

3. Formule um modelo de análise de risco para um lançamento de produto inovador no setor de tecnologia, incluindo possíveis impactos regulatórios.

4. Desenvolva um roteiro executivo para a implementação de inteligência artificial na automatização de processos internos de uma empresa de manufatura.

5. Estabeleça critérios para a avaliação de desempenho de executivos de alto nível em uma startup em rápido crescimento.

6. Propor um programa de desenvolvimento de liderança para gerentes de médio porte em uma organização global, com foco em liderança intercultural e remota.

7. Planejar a transição de uma empresa tradicional para práticas de negócios sustentáveis, levando em consideração as implicações financeiras e operacionais.

8. Crie um plano de contingência para gerenciamento de crises que possa ser rapidamente implementado na eventualidade de falhas de segurança de dados.

9. Formular uma proposta para aumentar a diversidade e inclusão em uma indústria predominantemente homogênea, identificando barreiras e soluções potenciais.

10. Desenvolver uma estratégia de comunicação interna que melhore o engajamento dos funcionários em relação a mudanças iminentes nas políticas da empresa.

11. Desenhe um protocolo para avaliar o impacto do trabalho remoto na eficiência operacional e satisfação dos funcionários em uma empresa de consultoria.

12. Proponha um sistema de feedback 360 graus personalizado para uma agência de marketing digital, focando na melhoria contínua e inovação.

13. Conceituar um programa de mentorias cruzadas que promova a transferência de conhecimentos entre departamentos em uma corporação multinacional.

14. Elabore um guia prático para a integração de princípios de economia circular no modelo de negócios de uma empresa do ramo alimentício.

15. Estruture um workshop para executivos seniores sobre tomada de decisão baseada em dados, com ênfase em analytics avançado.

16. Redija um plano para a otimização de cadeias de suprimentos globais através da implementação de tecnologias blockchain.

17. Crie uma análise comparativa dos métodos ágeis versus tradicionais de gerenciamento de projetos, aplicada ao setor de construção civil.

18. Elabore uma iniciativa de branding corporativo para uma firma de investimentos visando atrair e reter talentos da geração Z.

19. Projete um modelo para simulação de cenários econômicos voláteis e seu impacto no planejamento estratégico financeiro.

20. Desenvolva um framework para a transformação digital de pequenas e médias empresas no setor de varejo, com foco em experiência do consumidor e análise de métricas de venda.

1.11 Prompts para ESTUDO.

1. De forma clara e detalhada, detalhe o conceito de [tópico].

2. Como posso me tornar mais produtivo estudando [disciplina]?

3. Mostre quais são as principais teorias relativas à [tópico]?

4. Cite dicas práticas para aprender assuntos novos mais facilmente.

5. Explique maneiras de revisar conteúdos complexos.

6. Como ser mais confiante durante uma apresentação de trabalho escolar.

7. Crie um resumo sobre [livro/artigo] e aborde as suas principais ideias.

8. Quais são as vantagens e desvantagens de [tópico].

1.12 Prompts para realizar TAREFAS DO TRABALHO.

1. Elabore um rascunho de e-mail profissional para [situação].

2. Descreva as etapas essenciais para aplicar [projeto] de forma promissora.

3. Explique como lidar com atritos no ambiente de trabalho com base nas boas práticas de gestão de conflitos.

4. Crie uma lista de estratégias para melhorar a colaboração em times remotos.

5. Elabore um comunicado interno para informar ao quadro de pessoal sobre as mudanças em [política/procedimento].

1.13 Melhores prompts para obter IDEAIS NOVAS.

6. Imagine soluções criativas para melhorar a experiência do usuário em nossa [plataforma/aplicativo/website].

7. Pense em formas de usar a tecnologia [inteligência artificial/realidade aumentada/IoT] para melhorar nossos produtos/serviços.

8. Imagine formas criativas de promover a responsabilidade social em nossa empresa.

9. Como adaptar nossos produtos para atender às necessidades emergentes dos clientes?

10. Pense em alternativas originais para combater a concorrência no setor de [indústria específica].

11. Elabore ideias que transformem um problema em uma oportunidade de negócio.

12. Crie conceitos originais para uma campanha de marketing que gere impacto e engajamento.

1.14 Prompts para DESENVOLVIMENTO PESSOAL.

1. Diga os princípios-chave para construir autoconfiança sólida e autoestima saudável?

2. Diga-me estratégias comprovadas para melhorar a produtividade e a gestão do tempo?

3. Liste maneiras para superar as crenças limitantes?

4. Busco crescimento pessoal, então me diga livros e outros recursos que me ajudem com isso.

5. Como posso definir metas eficazes para meu desenvolvimento pessoal?

6. Quais são os passos para melhorar minhas habilidades de comunicação interpessoal?

7. Mostre, em passo a passo, como equilibrar as responsabilidades profissionais e pessoais para evitar o esgotamento.

8. Como vencer a procrastinação e manter a motivação para alcançar os meus objetivos?

1.15 Prompts para desenvolvimento PROFISSIONAL E CARREIRA.

1. De que forma lidar com os desafios profissionais, como conflitos no ambiente de trabalho?

2. Como construir um currículo e perfil profissional que chamem a atenção dos recrutadores? Dê exemplos.

3. Quais são as melhores práticas para ter sucesso em entrevistas de emprego?

4. Explique como desenvolver uma presença online profissional sólida por meio das redes sociais?

5. Cite 5 conselhos de como posso me destacar no mercado de trabalho.

6. Como identificar minhas paixões e habilidades para escolher a carreira adequada?

7. Liste os erros comuns na busca por desenvolvimento profissional e me diga como evitá-los.

1.16 Prompts para SAÚDE E BEM-ESTAR.

1. Quais são os melhores exercícios para aliviar a dor nas costas?

2. Como posso melhorar minha saúde mental?

3. Quais são os alimentos mais saudáveis para incluir em minha dieta?

4. Quais são os benefícios do yoga para o corpo e a mente?

5. Como posso reduzir o estresse em minha vida diária?

6. Quais são os melhores hábitos para uma boa noite de sono?

7. Como posso melhorar minha postura no trabalho?

8. Quais são as causas mais comuns de dores de cabeça e como posso evitá-las?

9. Quais são os benefícios do mindfulness para a saúde mental?

10. Como posso manter uma vida saudável mesmo quando tenho pouco tempo para me exercitar?

1.17 Prompts para MARKETING DIGITAL.

1. Quais são as principais estratégias de marketing digital para pequenas empresas?

2. Como posso usar o SEO para melhorar o ranking do meu site no Google?

3. Quais são as melhores práticas para criar uma campanha de email marketing eficaz?

4. Como posso usar as redes sociais para promover minha marca?

5. Quais são as principais ferramentas de marketing digital que todo profissional deve conhecer?

6. Como posso medir o sucesso das minhas campanhas de marketing digital?

7. Quais são as tendências de marketing digital que devemos prestar atenção em 2021?

8. Como posso usar o marketing de conteúdo para atrair mais leads para meu negócio?

9. Quais são as melhores maneiras de criar uma landing page eficaz?

10. Como posso usar o Google Ads para aumentar minhas conversões online?

1.18 Prompts para TECNOLOGIA DA INFORMAÇÃO.

1. Quais são as principais diferenças entre armazenamento em nuvem público e privado?

2. Como posso garantir a segurança dos meus dados na nuvem?

3. Quais são os principais provedores de serviços em nuvem disponíveis atualmente?

4. Como posso migrar meus dados para a nuvem de forma segura?

5. Quais são as principais tendências em tecnologia da informação para o futuro?

6. Como a computação em nuvem pode ajudar as empresas a reduzir custos e aumentar a eficiência?

7. Quais são as melhores práticas para gerenciar uma infraestrutura de nuvem?

8. Como posso escolher o provedor de serviços em nuvem mais adequado para minha empresa?

9. Quais são os principais desafios que as empresas enfrentam ao adotar a nuvem?

10. Como a computação em nuvem está transformando a maneira como as empresas fazem negócios?

1.19 Prompts para EDUCAÇÃO.

1. Quais são as melhores estratégias para estudar e se preparar para provas?

2. Como a tecnologia está transformando o aprendizado na sala de aula?

3. Quais são as principais tendências em educação para o futuro?

4. Como posso desenvolver minhas habilidades de pensamento crítico?

5. Quais são as melhores maneiras de motivar os alunos a aprender?

6. Como posso escolher a escola ou universidade mais adequada para minha carreira?

7. Quais são as melhores práticas para ensinar habilidades socioemocionais?

8. Como a educação pode ajudar a combater a desigualdade social?

9. Quais são os principais desafios enfrentados pelos professores atualmente?

10. Como posso me tornar um professor mais eficaz e inspirador para meus alunos?

1.20 Prompts para VIAGEM.

1. Quais são as melhores maneiras de economizar dinheiro em viagens?

2. Quais são os destinos mais populares para viajar atualmente?

3. Como posso planejar uma viagem inesquecível sem gastar muito?

4. Quais são as melhores maneiras de encontrar voos baratos?

5. Como posso escolher acomodações de qualidade sem gastar muito dinheiro?

6. Quais são as melhores práticas para viajar com segurança durante a pandemia?

7. Quais são as melhores atividades para fazer em um destino turístico?

8. Como posso evitar armadilhas turísticas e explorar os locais autênticos em minhas viagens?

9. Quais são as melhores maneiras de viajar com um orçamento limitado?

10. Como posso planejar uma viagem sustentável e eco-friendly?

1.21 Prompts para NEGÓCIOS e EMPREENDEDORISMO.

1. Como iniciar um negócio do zero?

2. Quais são as melhores práticas para gerenciar um negócio de sucesso?

3. Como identificar oportunidades de negócios em um mercado competitivo?

4. Quais são as principais tendências empreendedoras para ficar de olho?

5. Como definir sua proposta de valor única para seu negócio?

6. Quais são as melhores maneiras de financiar um novo negócio?

7. Como identificar e alcançar seu público-alvo com eficácia?

8. Quais são as melhores práticas para manter os clientes satisfeitos e leais?

9. Como lidar com a concorrência em um mercado saturado?

10. Quais são as melhores maneiras de promover um negócio e aumentar sua visibilidade?

1.22   Prompts para ALIMENTAÇÃO E CULINÁRIA.

1. Quais são as melhores receitas para uma dieta saudável e equilibrada?

2. Como posso aprender a cozinhar receitas gourmet em casa?

3. Quais são os benefícios de cozinhar suas próprias refeições em vez de comprar comida pronta?

4. Quais são as melhores práticas para armazenar alimentos e evitar desperdícios?

5. Como posso criar refeições deliciosas para pessoas com restrições alimentares?

6. Quais são as melhores receitas para pratos veganos e vegetarianos?

7. Como escolher e preparar ingredientes frescos e de qualidade para cozinhar?

8. Quais são as melhores maneiras de se organizar na cozinha e otimizar o tempo de preparação?

9. Como posso criar um menu saudável e atraente para a minha família?

10. Quais são as melhores maneiras de combinar sabores e criar pratos deliciosos e originais?

1.23   Prompts para MODA.

1. Quais são as tendências de moda mais populares deste ano?

2. Como criar um guarda-roupa cápsula e ter um visual versátil e elegante?

3. Como escolher as roupas certas para o meu tipo de corpo?

4. Quais são as melhores marcas de roupas sustentáveis e ecológicas?

5. Como posso combinar roupas e acessórios para um visual de sucesso?

6. Quais são as melhores práticas para cuidar de suas roupas e fazê-las durar mais?

7. Como escolher as cores certas para suas roupas e acessórios?

8. Quais são as melhores maneiras de se vestir para uma entrevista de emprego?

9. Como posso criar um estilo pessoal único e autêntico?

10. Quais são as melhores maneiras de economizar dinheiro em roupas e acessórios de moda?

1.24 Prompts para AUTOMÓVEIS.

1. Quais são as melhores marcas de carros atualmente?

2. Como escolher o carro certo para minhas necessidades?

3. Quais são os carros mais econômicos e eficientes em termos de combustível?

4. Quais são as melhores práticas para manter meu carro em boas condições?

5. Como escolher o melhor seguro de carro para minha situação?

6. Quais são os recursos mais importantes que devo considerar ao comprar um carro novo?

7. Como lidar com problemas mecânicos em meu carro?

8. Como posso personalizar meu carro para melhorar seu desempenho ou aparência?

9. Quais são os carros mais seguros do mercado atual?

10. Como escolher um carro usado de qualidade?

1.25 Prompts para BELEZA E CUIDADOS PESSOAIS.

1. Quais são os cuidados essenciais para uma rotina de skincare?

2. Como escolher o melhor produto para o meu tipo de pele?

3. Quais são as tendências de maquiagem mais populares no momento?

4. Como posso cuidar dos meus cabelos para mantê-los saudáveis e brilhantes?

5. Quais são os melhores tratamentos para cuidar das unhas?

6. Como manter os dentes saudáveis e brancos?

7. Quais são as técnicas mais eficazes para remover pelos indesejados?

8. Como posso prevenir rugas e linhas finas?

9. Quais são os alimentos que ajudam a melhorar a saúde da pele?

10. Como escolher o perfume ideal para o meu gosto e personalidade?

1.26 Prompts para ECONOMIA E FINANÇAS GLOBAIS.

1. Como a pandemia do coronavírus afetou a economia global e quais as perspectivas para a recuperação financeira?

2. Como investir em ações de empresas internacionais?

3. Quais são as principais tendências do mercado financeiro global atualmente?

4. Como funciona o mercado de câmbio e como investir em moedas estrangeiras?

5. Qual é a importância da diversificação de investimentos em um contexto global?

6. Como escolher um bom fundo de investimento internacional?

7. Quais são as vantagens e desvantagens de investir em empresas globais?

8. Como a globalização afeta a economia mundial?

9. Como funciona o comércio internacional e qual é o papel das tarifas comerciais?

10. Quais são as principais criptomoedas internacionais e como investir nelas?

1.27 Prompts para ESPORTES.

1. omo praticar esporte de forma segura e saudável?

2. Quais os benefícios para a saúde ao praticar esportes regularmente?

3. Qual é o melhor esporte para quem deseja perder peso?

4. Como escolher o equipamento adequado para a prática de um esporte?

5. Quais são as melhores técnicas para melhorar o desempenho em um esporte específico?

6. Quais as lesões mais comuns em esportes de alto impacto e como preveni-las?

7. Como funciona o sistema de pontuação em um esporte?

8. Qual é a diferença entre um esporte individual e um esporte em equipe?

9. Como funciona o treinamento de um atleta de alto rendimento?

10. Quais são os maiores eventos esportivos do mundo e como eles impactam a economia local?

1.28 Prompts para ARTES EM GERAL.

1. Qual é a história da pintura renascentista?

2. Quais são os principais movimentos literários do século XX?

3. Como a música influencia a nossa saúde mental?

4. Qual é a diferença entre teatro e cinema?

5. Como a arte contemporânea mudou a percepção da arte no mundo?

6. Qual é a diferença entre escultura e instalação?

7. Quais são as técnicas utilizadas na fotografia de paisagem?

8. Qual é o impacto do cinema na sociedade?

9. Quais são as características do jazz?

10. Como o teatro é utilizado como forma de protesto social?

1.29 Prompts do ChatGPT para Casa e decoração.

1. Quais são as tendências de cores para decoração de interiores em 2023?

2. Como decorar uma casa pequena de maneira funcional e elegante?

3. Quais são os melhores materiais para revestimento de paredes em banheiros?

4. Como escolher o tamanho ideal do tapete para a sala de estar?

5. Quais são as dicas para iluminar adequadamente uma cozinha?

6. Como escolher a cortina ideal para cada ambiente da casa?

7. Quais são as melhores opções de móveis para um home office funcional e confortável?

8. Como escolher o tipo de piso mais adequado para cada cômodo da casa?

9. Quais são as principais tendências de decoração para áreas externas em 2023?

10. Como decorar um quarto infantil de maneira criativa e educativa?

1.30 Prompts do ChatGPT para EDUCAÇÃO INFANTIL e PRÉ-ESCOLA.

1. Quais são as atividades lúdicas mais recomendadas para crianças em idade pré-escolar?

2. Como estimular o desenvolvimento da linguagem em crianças pequenas?

3. Quais os benefícios da alfabetização na pré-escola?

4. Como escolher uma escola de Educação Infantil de qualidade?

5. Como lidar com birras e comportamentos desafiadores em crianças pequenas?

6. Qual a importância do brincar na Educação Infantil?

7. Como estimular a criatividade das crianças na Educação Infantil?

8. Quais os benefícios de uma rotina estruturada na Educação Infantil?

9. Como trabalhar a inclusão na Educação Infantil?

10. Como ensinar as cores, formas e números de maneira lúdica e efetiva na pré-escola?

1.31 Prompts para FOTOGRAFIA e VÍDEO.

1. Quais são as melhores câmeras para iniciantes na fotografia?

2. Como criar uma composição perfeita para suas fotos?

3. Qual é o melhor software de edição de vídeo para iniciantes?

4. Quais são as técnicas mais usadas na fotografia de paisagem?

5. Como escolher a melhor lente para retratos?

6. Quais são as dicas para uma filmagem com drone de alta qualidade?

7. Como conseguir um efeito bokeh nas suas fotos?

8. Qual é a diferença entre fotografia analógica e digital?

9. Como criar um vídeo com efeito time-lapse?

10. Quais são os melhores cursos de fotografia online para iniciantes?

1.32 Prompts para DESIGN GRÁFICO e VISUAL.

1. Qual é a diferença entre design gráfico e design visual?

2. Quais são as principais tendências de design gráfico em 2021?

3. Como criar um logotipo profissional?

4. Quais são as melhores ferramentas para criação de designs gráficos?

5. Como escolher as cores certas para um projeto de design?

6. Quais são os princípios básicos de design visual?

7. Como criar uma identidade visual para uma marca?

8. Como criar designs responsivos para web e mobile?

9. Quais são os diferentes tipos de fontes e quando usá-los em um design?

10. Como criar um portfólio de design gráfico que se destaque?

1.33 Prompts para COACHING e DESENVOLVIMENTO PESSOAL.

1. Quais são as principais habilidades que um coach precisa ter para ser bem-sucedido?

2. Como escolher um coach de desenvolvimento pessoal que atenda às suas necessidades?

3. Quais são as diferenças entre coaching e terapia?

4. Como o coaching pode ajudá-lo a alcançar seus objetivos de carreira?

5. Quais são as técnicas de coaching mais eficazes para melhorar a autoconfiança?

6. Como o coaching pode ajudar a superar a procrastinação e aumentar a produtividade?

7. Quais são as estratégias de coaching para lidar com a ansiedade e o estresse?

8. Como o coaching pode ajudar a desenvolver habilidades de liderança?

9. Quais são as técnicas de coaching mais eficazes para melhorar relacionamentos interpessoais?

10. Como o coaching pode ajudar a melhorar a qualidade de vida e alcançar o equilíbrio entre trabalho e vida pessoal?

1.34 Prompts para HISTÓRIA e ARQUEOLOGIA.

1. Qual foi o papel da Grécia Antiga na história da humanidade?

2. Como a Revolução Industrial mudou o mundo?

3. Quais foram as maiores civilizações pré-colombianas nas Américas?

4. Quais foram as causas e consequências da Segunda Guerra Mundial?

5. Como a civilização egípcia antiga contribuiu para a história da humanidade?

6. Como os impérios coloniais europeus afetaram as culturas e sociedades dos povos colonizados?

7. Qual foi a importância da civilização maia na história da Mesoamérica?

8. Como os antigos romanos influenciaram o mundo ocidental?

9. Quais foram as principais descobertas e avanços científicos durante a Revolução Científica?

10. Como a civilização chinesa antiga influenciou a história e a cultura da Ásia e do mundo em geral?

1.35 Prompts para CIÊNCIA e TECNOLOGIA.

1. Quais são as últimas descobertas científicas que podem mudar o mundo?

2. Como a tecnologia está transformando a medicina e a saúde?

3. Como as novas tecnologias de inteligência artificial estão afetando o mundo dos negócios?

4. O que é blockchain e como ele está revolucionando as transações financeiras?

5. Quais são as principais tendências em robótica e automação?

6. Como a tecnologia está ajudando na preservação do meio ambiente?

7. Quais são as tecnologias emergentes mais promissoras para o futuro?

8. Como a tecnologia está mudando a forma como vivemos, trabalhamos e nos relacionamos?

9. Qual é o impacto da tecnologia na educação?

10. Como a ciência está buscando soluções para os desafios globais, como mudanças climáticas e pandemias?

2 Prompts complexos.

2.1 Prompt 1.

2.1.1 Texto do prompt.

"Desenvolva um plano de intervenção detalhado para a implantação de um sistema avançado de prontuário eletrônico em um hospital de médio porte, considerando as seguintes dimensões:

1. Avaliação e mitigação de riscos associados à privacidade dos dados e à segurança cibernética.

2. Estratégias de treinamento e gestão de mudança para a equipe médica e administrativa, assegurando uma transição suave da documentação em papel para o ambiente digital.

3. Integração de tecnologias de inteligência artificial para apoio à decisão clínica, priorizando a eficácia diagnóstica e a personalização do atendimento ao paciente.

4. Medidas para garantir a interoperabilidade com outros sistemas de saúde regionais para uma troca eficiente de informações.

5. Estratégias para medir e melhorar continuamente a adesão do uso do sistema e a satisfação do usuário (pacientes e profissionais de saúde).

6. Plano financeiro projetando os custos de implementação, manutenção e possíveis retornos sobre o investimento (ROI).

Inclua também uma revisão de literatura contemporânea sobre as melhores práticas e os desafios encontrados por outras instituições na adoção de prontuários eletrônicos."

2.1.2 Objetivo.

Este prompt solicita a criação de um plano de intervenção muito detalhado e complexo para a implantação de um sistema de prontuário eletrônico em um hospital.

Ele toca em vários aspectos críticos dessa implementação, exigindo a consideração de preocupações com a segurança dos dados, a preparação e adaptação do pessoal ao novo sistema, o uso de inteligência artificial para melhorar a qualidade do atendimento, a coordenação com outros sistemas de saúde para troca de informação, a adesão e satisfação dos usuários, e a viabilidade financeira da iniciativa.

O objetivo deste prompt é gerar uma resposta que esboce as etapas e considerações essenciais para que os administradores do hospital possam planejar e executar efetivamente a transição de um sistema baseado em papel para um digital.

A resposta a este prompt seria um guia abrangente que ajudaria a garantir que o novo sistema seja implementado de maneira segura, eficiente e sustentável, proporcionando benefícios tanto para os profissionais de saúde quanto para os pacientes.

Além disso, pede uma revisão da literatura para embasar as estratégias propostas com evidências atuais e aprendizados de outros projetos similares.

2.1.3   Resultado da execução do Prompt.

Plano de Intervenção para Implementação de Prontuário Eletrônico.

Resumo Executivo:

Este documento propõe um plano estratégico para adotar um sistema avançado de prontuário eletrônico (PE) em um hospital de médio porte. As dimensões cobertas englobam segurança da informação, treinamento de pessoal, integração de IA para apoio diagnóstico, interoperabilidade, melhoria contínua e análise financeira.

1. Avaliação de Riscos e Mitigação:

Realizaremos uma avaliação de risco completa, abrangendo ameaças físicas e digitais aos dados do paciente. Isto incluirá:

- Auditar sistemas existentes.

- Definir políticas de acesso e de senhas fortes.

- Implementar criptografia de dados em repouso e em trânsito.

- Estabelecer um protocolo de resposta a incidentes cibernéticos.

2. Treinamento e Gestão de Mudança:

Desenvolveremos um programa abrangente de treinamento para garantir que médicos e funcionários sejam competentes no uso do novo sistema. Isto envolverá:

- Workshops de familiarização com o PE.

- Simulações práticas antes do lançamento.

- Suporte contínuo e um helpdesk dedicado após a implantação.

3. Integração de IA para Decisão Clínica:

O PE incluirá ferramentas de IA para:

- Análise preditiva de dados para identificar riscos à saúde do paciente.

- Assistência na interpretação de imagens diagnósticas.

- Algoritmos de apoio à decisão para tratamento baseado em evidências.

4. Interoperabilidade:

Garantiremos que o PE seja compatível com os padrões HL7/FHIR para permitir:

- Troca segura e eficiente de dados com outras instituições.

- Acesso sem interrupções às informações do paciente, mesmo quando transferido entre serviços ou especialidades médicas.

- Pilotos de integração com sistemas de informação locais para assegurar a comunicação eficaz entre cuidados primários e secundários.

5. Medição e Melhoria Contínua:

Implementaremos KPIs (Key Performance Indicators) para monitorar e melhorar a adesão ao sistema e a satisfação do usuário:

- Pesquisas de satisfação periódicas com pacientes e profissionais de saúde.

- Monitoramento da frequência de uso e eficiência de fluxos de trabalho.

- Avaliações regulares de usabilidade para identificação e correção de gargalos operacionais.

6. Plano Financeiro:

Conduziremos uma análise de custo-benefício, incluindo:

- Estimativas de custos iniciais de implementação e manutenção periódica.

- Análise do impacto da redução de erros médicos e da melhoria no fluxo de trabalho.

- Projeção de retorno sobre o investimento baseada em eficiências operacionais e aprimoramento na qualidade de atendimento.

7. Revisão da Literatura:

Após uma revisão sistemática da literatura, observamos que a integração de PE pode levar a uma melhora significativa na coordenação da assistência ao paciente, na precisão do registro de dados, e na eficácia do tratamento.

Desafios comuns incluem:
- resistência à mudança por parte dos colaboradores.
- dificuldades técnicas.
- necessidade de treinamento contínuo.

Estratégias bem-sucedidas de instituições com experiências prévias enfatizam a importância da liderança comprometida, comunicação transparente e investimento em suporte tecnológico e humano.

2.1.4 Conclusão.

Este plano serve como um roteiro abrangente para a implementação segura e eficaz de um sistema de prontuário eletrônico.

A adaptação contínua, a participação das partes interessadas, e a avaliação regular facilitarão uma transição suave que alinha as práticas de saúde do hospital com os padrões modernos de cuidado, respeitando a necessidade de segurança, eficiência e qualidade no atendimento ao paciente.

1. Implementação e Seguimento.

Após o lançamento, a implementação do sistema de prontuário eletrônico será continuamente avaliada através de:

- Reuniões regulares de seguimento com a equipe de projeto para discutir progressos, obstáculos e ajustes necessários.

- Feedback constante dos usuários finais para identificar áreas de melhoria.

- Análise de incidentes de segurança e relatórios de falhas para refinamento contínuo das práticas de proteção de dados.

2. Sustentabilidade a Longo Prazo.

Para garantir a sustentabilidade a longo prazo do PE, consideraremos:

- Estabelecer um fundo de reserva para atualizações do sistema e formação contínua.

- Explorar parcerias com fornecedores de tecnologia para atualizações regulares e suporte.

- Medir o impacto do sistema na qualidade dos cuidados e nos resultados do paciente para justificar o investimento contínuo.

3. Engajamento das Partes Interessadas.

Nenhum plano pode ter sucesso sem o apoio das pessoas que o utilizam. Assim, priorizaremos:

- Envolvimento dos colaboradores e pacientes no desenvolvimento e revisão do sistema.

- Comunicação clara e aberta sobre as mudanças e benefícios.

- Reconhecimento e recompensa dos progressos e sucessos na adaptação ao novo sistema.

2.1.5   Considerações Finais.

A transição para um prontuário eletrônico é uma mudança significativa para qualquer instituição de saúde. Este plano serve como uma referência inicial, mas a flexibilidade e a adaptação serão essenciais à medida que enfrentamos os desafios práticos.

O compromisso com a melhoria contínua e colaboração entre todas as partes interessadas será o alicerce do sucesso na implementação deste sistema avançado de prontuário eletrônico.

2.2   Prompt 2.

2.2.1   Texto do prompt.

"Elabore uma estratégia de investimento diversificado para um fundo de pensão público que busca maximizar retornos ajustados ao risco em um horizonte de tempo de 30 anos.

Na sua abordagem, considere o impacto potencial de variações macroeconômicas, como flutuações nas taxas de juros, mudanças demográficas previstas, e a transição global para tecnologias de energia renovável.

Inclua uma análise detalhada de diferentes classes de ativos (incluindo, mas não limitando a, títulos governamentais, ações de empresas estabelecidas e emergentes no mercado de energia renovável, imóveis e criptoativos), avaliando como cada uma pode contribuir para o perfil de risco-retorno do fundo.

Além disso, desenvolva um sistema de revisão e reequilíbrio contínuo que responda a mudanças no cenário econômico e aos ciclos de mercado, preservando a liquidez necessária para as obrigações do fundo com os pensionistas.

Finalize sua estratégia com a formulação de diretrizes políticas para a governança de investimentos do fundo, incluindo protocolos éticos de investimento e conformidade com os Princípios para o Investimento Responsável."

2.2.2   Objetivo.

O objetivo deste prompt é desenhar uma estratégia de investimento detalhada e robusta para um fundo de pensão público que leve em conta um conjunto complexo de fatores econômicos, sociais e ambientais em um longo período de tempo.

Ele é estruturado para extrair uma resposta que aborde:

A resposta a este prompt ajudara um fundo de pensão a estabelecer um plano financeiro abrangente que não só busca eficiência em termos de crescimento de capital e geração de renda, mas também responsabilidade social e sustentabilidade a longo prazo.

Os elementos de resposta incluiriam:

1. Estratégias de Alocação de Ativos. Recomendações para a distribuição de investimentos entre as diferentes classes de ativos e como ajustar essas alocações ao longo do tempo, com base em projeções de mercado e análises de cenários simulados.

2. Gestão de Riscos. Identificação e mitigação de riscos associados a cada classe de ativo, bem como riscos sistêmicos e não sistêmicos que podem afetar a carteira global do fundo.

3. Análise de Impacto Demográfico. Provisões para mudanças previsíveis na demografia dos pensionistas, tais como expectativas de vida mais longas e padrões de aposentadoria evolutivos, que podem afetar os passivos do fundo.

4. Sustentabilidade e Investimento Verde. Inclusão de critérios de investimento ambiental, social e de governança (ESG) para selecionar investimentos em energia renovável, bem como

critérios para evitar investimentos que falhem em atender aos padrões de sustentabilidade.

5. Monitoramento e Rebalanceamento Automatizado. Um esquema para ajustes periódicos no portfólio, automatizados ou com intervenção humana, para realinhar as alocações de ativos com os objetivos de investimento do fundo e evitar desvios devido a movimentos de mercado.

6. Políticas de Retirada de Fundos e Liquidez. Estratégias para garantir que o fundo mantenha suficiente liquidez para as retiradas, levando em conta estimativas de passivos futuros e fluxos de entradas e saídas do fundo.

7. Governança e Conformidade. Diretrizes que defiram a forma como as decisões de investimento devem ser feitas, incluindo critérios de seleção, revisão regular de performance do investimento, e como assegurar a adesão a normas éticas e regulamentações.

8. Protocolos de Investimento Ético. Implementação de um código de ética de investimento, levando em consideração não apenas os retornos potenciais, mas também os padrões morais, éticos e sociais, incluindo a exclusão de investimentos em indústrias controversas e a adoção de práticas de investimento socialmente responsável.

9. Análise Prospectiva dos Mercados. Desenvolvimento de estratégias de prospecção e análise de mercados emergentes, particularmente aqueles relacionados à tecnologia sustentável, e energia renovável, estando atentos a potenciais bolhas e hypes não sustentáveis.

10. Educação e Comunicação com Stakeholders. Estruturação de programas de educação que mantenham os investidores (pensionistas e patrocinadores) bem informados sobre as políticas de investimento e as mudanças de mercado, reforçando o compromisso com a transparência e alinhamento de interesses.

11. Adaptação às Mudanças na Regulamentação. Preparação para adaptações necessárias frente a mudanças nas leis e regulamentos financeiros que podem impactar as estratégias de investimento ou as obrigações do fundo.

12. Utilização de Tecnologias Avançadas. Explorar o uso de IA e machine learning para otimização de portfólio, predição de tendências de mercado e identificação de riscos emergentes.

13. Medição de Desempenho e Benchmarking. Estabelecer métricas de desempenho claras e realizar comparações periódicas com fundos de pensão similares e benchmarks de mercado para avaliar a eficácia da estratégia de investimento.

14. Reserva de Contingência. Criação de uma reserva de contingência para absorver choques de mercado imprevistos e proteger contra sequências de retornos negativos que podem comprometer a capacidade de atender às obrigações futuras.

15. Revisão e Ajuste Estratégico. Instituir um comitê de investimento ou conselho consultivo com habilidades diversificadas para revisar a estratégia de investimento ao menos anualmente, garantindo que ela permaneça relevante e eficaz no contexto das mudanças econômicas globais e do próprio setor de investimentos.

16. Gestão de Crises e Plano de Continuidade de Negócios. Desenvolver e manter um plano robusto de gestão de crises e recuperação em caso de eventos catastróficos, garantindo a continuidade das operações do fundo e a segurança dos ativos sob gestão.

17. Engajamento com Empresas do Portfólio. Adotar uma posição ativa na governança das empresas em que investe, exercendo os direitos de acionista para influenciar positivamente as práticas empresariais, e promover uma gestão que esteja alinhada com os valores de sustentabilidade e responsabilidade social corporativa.

18. Flexibilidade Estratégica. Introduzir um grau de flexibilidade na estratégia de investimento que permita ao fundo capitalizar em oportunidades de mercado de curto prazo sem comprometer os objetivos de longo prazo.

19. Avaliação de Performance Adaptativa. Criar um modelo de avaliação de performance que não dependa unicamente de comparações com benchmarks de mercado, mas também leve em consideração o valor gerado pelo cumprimento de critérios ESG e o impacto social positivo dos investimentos.

20. Controles Internos e Auditoria Externa. Implementar controles internos robustos para mitigar fraudes e erros, com auditorias externas regulares para assegurar a integridade e precisão dos registros financeiros.

21. Colaboração Setorial e Aprendizado. Fomentar colaborações com outros fundos de pensão e instituições financeiras para compartilhar melhores práticas, aprendizados, e desenvolver abordagens comuns a desafios como as mudanças climáticas.

22. Documentação e Registro de Processos. Manter uma documentação detalhada de todas as decisões de investimento, as justificativas subjacentes e os processos seguidos, para garantir a rastreabilidade e a responsabilidade.

2.2.3 Conclusão.

Este prompt abrangente pretende delinear uma estratégia de investimento que não apenas gere retorno financeiro estável e sustentável para o fundo de pensão, mas também reforce seu compromisso com a responsabilidade social e ambiental.

A estratégia deverá ser moldada em um framework que esteja preparado para se adaptar às rápidas mudanças no ambiente de investimentos, assegurando ao mesmo tempo que as necessidades futuras dos pensionistas sejam cumpridas sem comprometer as obrigações correntes ou a integridade do fundo.

Aa resposta ao prompt é um plano de ação complexo para gerenciamento de fundos de pensão que é simultaneamente progressista nos seus critérios de investimento e conservador em sua aderência a prudências financeiras, garantindo continuidade e confiabilidade nos retornos para os pensionistas no futuro.

2.2.4 Resultado da execução do Prompt.

Estratégia de Investimento Diversificado para Fundo de Pensão Público

Visão Geral.

Esta estratégia de investimento destina-se a orientar o fundo de pensão público no caminho para assegurar o crescimento sustentável do capital e renda fixa para os pensionistas, considerando tanto os ambientes econômicos em constante mudança como a responsabilidade social e ambiental.

1. Análise Macroeconômica e Impacto no Fundo.

Diante das flutuações nas taxas de juros e mudanças demográficas, nossa estratégia inicial é sobrepesada em títulos de dívida de longo prazo para fixar as taxas atuais enquanto se mantém flexível para se adaptar a mudanças.

A transição para energias renováveis é reconhecida como uma área de crescimento estratégico e será incluída como uma categoria de investimento especializada.

2. Estratégia de Diversificação de Classe de Ativos.

- Títulos Governamentais. Constituirão a base da carteira devido à sua estabilidade e previsibilidade de retornos.

- Ações de Empresas Estabelecidas. Uma seleção criteriosa se focará em setores resistentes a recessões e aqueles em vias de crescimento sustentável, como tecnologia e saúde.

- Investimentos em Energia Renovável. Incluindo ações de empresas emergentes e ETFs especializados, refletindo o compromisso com investimentos sustentáveis.

- Imóveis. REITs serão usados para proporcionar expõem a ativos reais junto com um fluxo de receita estável.

- Criptoativos, Uma pequena alocação proporcionará exposição a ativos de alto risco e alta recompensa, com potencial de crescimento significativo.

3. Revisão e Reequilíbrio da Carteira.

Um sistema de revisão trimestral ajustará as alocações com base na performance do mercado, mudanças econômicas e avaliações de risco. O rebalanceamento será automático quando os ativos desviarem dos pesos alvo da carteira em um intervalo predefinido.

4. Protocolos de Liquidez para as Obrigações do Fundo.

Para assegurar liquidez, uma porcentagem designada da carteira será investida em títulos de curto prazo e fundos do mercado monetário. Isso permitirá ao fundo atender às obrigações de curto prazo sem prejudicar a saúde de longo prazo do portfólio.

5. Governança e Diretrizes de Política de Investimento:

As diretrizes seguirão princípios de transparência e integridade, considerando os Princípios para o Investimento Responsável:

- Exclusão de investimentos em indústrias que contrariem os valores éticos do fundo (armas, tabaco, combustíveis fósseis etc.).

- Inclusão de critérios ESG no processo de tomada de decisão de investimentos.

- Adesão a alocações de ativos que reflitam a missão do fundo de pensão e as expectativas dos beneficiários.

6. Revisão Anual e Alocações Estratégicas.

Um comitê de investimentos revisará anualmente a estratégia para adaptar proativamente a abordagem do fundo às novas oportunidades e desafios do mercado.

7. Conclusão.

A estratégia de investimento visa posicionar o fundo de pensão para alcançar crescimento estável ao longo de várias décadas, alinhando-se firmemente com uma abordagem de investimento responsável e ético.

2.3   Prompt 3.

2.3.1   Texto do prompt.

"Desenvolva um plano financeiro abrangente para uma companhia aérea de médio porte que busca ampliar sua presença no mercado internacional em um horizonte de cinco anos.

Inclua no plano:

1. Análise de mercado para identificar rotas internacionais lucrativas e de alta demanda, levando em conta as tendências de viagens pós-pandemia, projeções de fluxo de turismo global e possíveis disrupções futuras similares à COVID-19.

2. Estratégias de precificação dinâmica e gestão de receita para maximizar a ocupação das aeronaves e a rentabilidade de cada rota.

3. Diretrizes para uma frota eficiente em termos de consumo de combustível, considerando a aquisição de novas aeronaves, a retrofit de cabines para aumentar o número de assentos e a análise de custo-benefício do arrendamento versus compra de aeronaves.

4. Um modelo de orçamento para expansão de frota e gastos operacionais que acomodem o aumento da frequência de voos e a expansão das operações, detalhando os diversos cenários de financiamento disponíveis, incluindo linhas de

crédito, emissão de dívida e possíveis parcerias estratégicas ou alianças.

5. Avaliação de riscos associados a variações cambiais e estratégias de hedge para proteger against fluctuações adversas.

6. Plano de marketing inovador para promover as novas rotas, incluindo parcerias com entidades de turismo, agências de viagens e campanhas de fidelidade.

7. Medidas de sustentabilidade que possam ser integradas às operações para melhorar a eficiência energética e compensar as emissões de carbono, realçando a responsabilidade ambiental da companhia no contexto de uma indústria cada vez mais conscientizada com questões climáticas.

8. Implantação de tecnologias avançadas para a melhoria da experiência do cliente e eficiência operacional, como o aprimoramento de sistemas de check-in e reserva, a automação de processos, e soluções de big data para análise de tendências de consumo e otimização de rotas.

9. Um plano de contingência para lidar com crises e interrupções operacionais, incluindo estratégias de comunicação eficazes com passageiros e gestão de crise de reputação.

10. Estratégia de gestão de talentos para assegurar que a companhia aérea atraia, retenha e desenvolva profissionais competentes, preparando a força de trabalho para os desafios de uma expansão internacional e promovendo uma cultura corporativa que valorize a inovação e o serviço de excelência.

11. Projeções financeiras detalhadas que incluam previsão de fluxo de caixa, balanços e demonstrações de resultado esperadas, com análise de sensibilidade para os principais drivers de receita e custos.

12. Avaliação da estrutura regulatória aplicável às novas rotas internacionais e uma estratégia de conformidade, abordando aspectos relacionados à segurança aérea, padrões de serviços e certificações necessárias.

13. Desenvolvimento de um framework de análise de performance que incorpore KPIs financeiros e não financeiros, como market share, satisfação do cliente, eficiência operacional, e impacto ambiental.

Finalize com uma recomendação de cronograma de implementação para o lançamento das novas rotas, a integração das novas aeronaves, a execução das campanhas de marketing, e a avaliação periódica dos progressos alcançados em relação à estratégia proposta."

2.3.2   Objetivo.

O objetivo deste prompt complexo é formular uma estratégia financeira e operacional completa para uma companhia aérea de médio porte com intenção de se expandir no mercado internacional.

A finalidade é abordar todos os componentes críticos que contribuem para o sucesso da expansão de negócios no competitivo setor da aviação, de forma estruturada e em várias frentes:

1. Análise de Mercado. Avaliar as condições do mercado pós-pandemia e identificar oportunidades de rotas aéreas

internacionais rentáveis, considerando também a capacidade de se recuperar diante de futuras crises de saúde pública.

2. Gestão de Receita e Precificação. Estabelecer mecanismos de precificação e gestão de receita que otimizem a ocupação e a renda, assegurando que os preços dos bilhetes sejam competitivos e ajustados em tempo real.

3. Eficiência da Frota. Desenvolver um plano para a gestão do uso de aeronaves que seja ambiental e economicamente sustentável, equilibrando a compra e o arrendamento de novas aeronaves mais eficientes em termos de combustível.

4. Modelo de Orçamento para Expansão. Propor um plano financeiro que suporte a expansão das operações, incluindo a aquisição de aeronaves e o aumento de frequência de voos, além de identificar fontes de financiamento.

5. Hedge Cambial. Implementar estratégias de hedge para minimizar riscos financeiros associados a flutuações cambiais, um ponto crítico na expansão internacional.

6. Marketing e Parcerias. Criar um plano de marketing inovador que promova as novas rotas e construa alianças estratégicas com entidades de turismo e outros parceiros.

7. Sustentabilidade. Incorporar práticas sustentáveis nas operações para reduzir o impacto ambiental e atender à crescente demanda por responsabilidade climática.

8. Tecnologias Avançadas. Integrar avanços tecnológicos para melhorar a experiência dos clientes e aumentar a eficiência operacional.

9. Plano de Contingência. Estabelecer procedimentos para a rápida resolução de crises e interrupções, garantindo a resiliência operacional e a preservação da imagem da empresa.

10. Gestão de Talentos. Definir uma estratégia para a gestão de recursos humanos que assegure a atração, retenção e desenvolvimento de talentos qualificados, fundamentais para o sucesso da expansão internacional.

11. Projeções Financeiras e Análise de Sensibilidade. Desenvolver projeções financeiras realistas e realizar análise de sensibilidade para avaliar o impacto de diferentes cenários macroeconômicos e operacionais.

12. Conformidade Regulatória. Assegurar a conformidade com os regulamentos internacionais e nacionais dos países para as novas rotas, abrangendo segurança aérea, padrões de serviços e outras certificações necessárias.

13. Framework de Análise de Desempenho. Instituir um sistema de acompanhamento e avaliação do desempenho baseado em indicadores-chave, que permita monitoramento contínuo dos objetivos financeiros e operacionais, incluindo a responsabilidade ambiental.

14. Cronograma de Implementação. Finalizar com um cronograma detalhado que orientará a execução do plano de expansão, das campanhas de marketing e das avaliações periódicas dos progressos em direção às metas estabelecidas.

O propósito é garantir que a estratégia financeira esteja sincronizada com as operações, o mercado, e as tendências de sustentabilidade, preparando a companhia aérea para o crescimento em um ambiente internacional volátil com uma abordagem estratégica e integrada.

2.3.3   Resultado da execução do Prompt.

Plano Financeiro Estratégico para a Expansão Internacional de uma Companhia Aérea de Médio Porte
1. Análise de Mercado.

Após uma análise de vários reportes da indústria e tendências de mercado, identificamos rotas atraentes na América do Sul, Ásia e Europa, as quais mostram um crescimento estável de turismo e negócios pós-pandemia.

Foram considerados fatores como a estabilidade política, parcerias econômicas e a demanda reprimida por viagens internacionais.
2. Estratégias de Gestão de Receita.

Adotaremos um modelo de precificação dinâmica usando algoritmos baseados em dados históricos e tempo real que identifiquem padrões de compra de passagens. Isso permitirá a maximização da receita mediante ajustes de preços em resposta à variação de demanda.
3. Diretrizes de Frota.

Recomendamos a aquisição de aeronaves 'Airbus A220' e 'Boeing 787 Dreamliner', que são conhecidas por sua eficiência de combustível e menor impacto ambiental.

Estas aeronaves também permitem um maior número de assentos sem comprometer o conforto, tornando a operação mais rentável.

4. Modelo de Orçamento de Expansão.

Analisamos várias opções de financiamento englobando empréstimos bancários, emissores de dívida e parcerias estratégicas com outras companhias aéreas. Recomenda-se diversificar as fontes de financiamento para minimizar o custo de capital e manter a liquidez operacional.

5. Estratégias de Hedge Cambial.

Para mitigar os riscos cambiais, propomos uma combinação de contratos a termo e opções de compra (call options) que garantam estabilidade nos custos operacionais e na repatriação de receitas internacionais.

6. Plano de Marketing.

Desenvolveremos campanhas personalizadas para cada novo mercado com foco em ofertas promocionais de lançamento e parcerias estratégicas com influenciadores de viagem, empresas de turismo e agências de viagens locais. O programa de fidelidade será expandido para incluir benefícios direcionados a viajantes frequentes nessas rotas.

7. Medidas de Sustentabilidade.

Implementaremos iniciativas para compensar a pegada de carbono, como participar de programas de reflorestamento e investir em combustíveis de aviação sustentáveis. A comunicação dessas iniciativas estará no centro de nossas mensagens de marketing, destacando o compromisso com a responsabilidade ambiental.

8. Integração de Tecnologias Avançadas.

Aprimoraremos o sistema de reservas com IA para personalizar a experiência do cliente e otimizar a gestão da demanda. Investiremos em tecnologia de automação para check-ins e embarques, aumentando a eficiência e reduzindo filas.

9. Plano de Contingência.

Criaremos um comitê de crise dedicado capaz de atuar rapidamente em situações adversas, juntamente com planos operacionais detalhados que cubram desde interrupções climáticas até crises sanitárias.

10. Estratégia de Gestão de Talentos.

Um programa de treinamento será estabelecido para equipar a equipe com as habilidades necessárias para operar com sucesso em um ambiente internacional. A estratégia incluirá esquemas de incentivos para garantir altos níveis de desempenho e satisfação dos funcionários.

11. Projeções Financeiras e Análise de Sensibilidade.

Serão fornecidas projeções financeiras para os próximos cinco anos, com análise de sensibilidade centrada em variáveis como combustível, demanda de passageiros e variações cambiais.

12. Conformidade Regulatória

Estabeleceremos um sistema de monitoramento contínuo para assegurar a aderência aos padrões regulatórios internacionais e às práticas recomendadas de segurança aérea.

13. Framework de Análise de Performance.

Os KPIs serão estabelecidos para avaliar o sucesso da estratégia de expansão, incluindo o market share em rotas internacionais, a ocupação das aeronaves, a pontualidade dos voos, a satisfação do cliente e o impacto ambiental. Relatórios de desempenho serão gerados trimestralmente para orientações estratégicas auxiliadas por feedbacks e análise de dados.

14. Cronograma de Implementação.

O plano de lançamento das novas rotas iniciará com uma fase de pesquisa de mercado e avaliações de rotas nos próximos 6 meses, seguido por aquisições e retrofit da frota nos 18 meses seguintes.

As campanhas de marketing e parcerias deverão ser iniciadas um ano antes do lançamento das novas rotas, com avaliações periódicas programadas a cada trimestre.

2.3.4 Conclusão.

Este plano oferece uma série de diretrizes estratégicas que combinam sustentabilidade financeira, crescimento e responsabilidade ambiental, posicionando a companhia aérea para um sucesso duradouro no setor da aviação internacional.

O plano será revisado e ajustado conforme necessário para responder às mudanças do mercado e assegurar o cumprimento dos nossos objetivos estratégicos e financeiros.

2.4 Prompt 4.

2.4.1 Texto do prompt.

Título do Projeto: "Educação Inteligente: integrando a Inteligência Artificial para um Ambiente de Aprendizagem Personalizado e Adaptativo".

Visão Geral.

Desenvolvimento de um currículo educacional interdisciplinar que aborda a teoria e a aplicação prática da Inteligência Artificial (IA), com o objetivo de proporcionar aos estudantes a compreensão das fundamentações da IA, capacidade crítica sobre suas implicações éticas, sociais e profissionais, e as habilidades práticas para aplicar a IA em contextos reais de aprendizagem.

Objetivos Educacionais.

1. Introduzir os conceitos fundamentais da IA incluindo algoritmos, aprendizado de máquina, redes neurais e processamento de linguagem natural.

2. Desenvolver o pensamento crítico sobre as implicações éticas, privacidade e viés na IA.

3. Promover competências práticas em programação e uso de ferramentas IA.

4. Integrar projetos de IA no currículo que resolvam problemas reais em contextos educacionais.

5. Avaliar o uso de sistemas de IA adaptativos como assistentes de aprendizagem personalizada.

Diretrizes Curriculares:

1. Teoria e História da IA. Estudar a evolução da IA, desde o seu conceito até as aplicações contemporâneas, passando pelas principais figuras que contribuíram para o campo.

2. Matemática e Estatística para IA. Abordar os conceitos de estatística e matemática necessários para a compreensão e construção de algoritmos de IA.

3. Ética e IA. Discutir cenários que questionem a ética no uso da IA e encorajar debates sobre temas como viés algorítmico, autonomia de decisão e responsabilidade.

4. Desenvolvimento de Habilidades Práticas. Implementar módulos de programação que utilizem linguagens populares no campo da IA, como Python, e plataformas de aprendizado de máquina como TensorFlow e PyTorch.

5. Projetos Integradores de IA. Criação de oportunidades para os estudantes aplicarem seus conhecimentos de IA no desenvolvimento de soluções para problemas reais, com foco tanto em questões técnicas quanto em impacto social.

6. IA em Sistemas Adaptativos de Aprendizagem. Avaliar o potencial da IA para criar sistemas de aprendizado que se

adaptem às necessidades individuais dos alunos, personalizando a experiência de educação.

Metodologia de Ensino.

1. Aulas Teóricas Interativas. Utilização de métodos de ensino que incentivem o diálogo e a participação ativa dos estudantes, utilizando-se de recursos audiovisuais e plataformas interativas.

2. Laboratórios Práticos. Atividades práticas em laboratório de informática onde os alunos possam codificar e testar algoritmos de IA, além de interagir com softwares e sistemas inteligentes.

3. Estudo de Caso e Simulações. Análises de estudos de caso que mostrem a aplicação da IA em diferentes setores. Utilização de simulações para ilustrar os impactos potenciais da tecnologia na sociedade.

4. Seminários e Workshops. Realização de seminários e workshops com profissionais da área e pesquisadores renomados para discussões aprofundadas e troca de experiências.

5. Aprendizagem Baseada em Projetos. Encorajamento à aplicação do conhecimento em projetos individuais ou em grupo que possam ser apresentados para a comunidade escolar e especialistas convidados.

Avaliação do Aprendizado.

1. Provas e Testes Teóricos. Avaliações escritas regulares para verificar o entendimento dos princípios teóricos da IA.

2. Projetos Práticos e Apresentações. As apresentações de projetos servirão como uma avaliação prática das habilidades adquiridas.

3. Relatórios Técnicos e Artigos. Desenvolvimento de habilidades de escrita técnica e análise crítica através da produção de relatórios e artigos sobre temas relevantes à IA.

4. Feedback Contínuo. Implementação de um sistema de feedback contínuo e construtivo, onde os alunos possam receber orientação personalizada sobre seu progresso, identificando pontos fortes e áreas para melhoria.

5. Participação e Engajamento. Avaliação do nível de participação dos alunos nas discussões em sala de aula, laboratórios, seminários e outras atividades interativas como parte do critério de avaliação.

6. Autoavaliação e Reflexão Crítica. Incentivo para que os alunos façam uma autoavaliação de sua aprendizagem e desenvolvam a capacidade de reflexão crítica sobre seu próprio progresso e compreensão dos temas abordados.

Implementação Tecnológica no Ambiente de Aprendizagem:

1. Plataformas de Aprendizagem Online. Utilização de plataformas de e-learning e MOOCs (Massive Open Online Courses) que ofertem recursos complementares de aprendizado em IA.

2. Assistentes de IA para Educação. Integração de chatbots e assistentes pessoais virtuais que utilizem IA para ajudar na resolução de dúvidas e dirigir os alunos a recursos de estudo recomendados.

3. Ambientes de Desenvolvimento Virtual. Disponibilização de ambientes de desenvolvimento e simulação virtual, onde os alunos possam testar e implementar modelos de IA sem a necessidade de infraestrutura física.

Impacto e Extensão Comunitária:

1. Projetos Comunitários com IA. Estimular a criação de projetos que utilizem IA para resolver problemas comunitários, promovendo a responsabilidade social dos estudantes.

2. Oficinas de IA para o Público. Organização de oficinas abertas ao público para disseminar o conhecimento sobre IA e suas possíveis aplicações no cotidiano.

3. Parcerias com Empresas e Universidades. Estabelecimento de parcerias com o setor privado e instituições de ensino superior para oferecer aos alunos insights práticos, estágios, mentoria e oportunidades de pesquisa em IA.

Recursos Necessários:

1. Equipamento e Software. Aquisição de hardware adequado e licenças de software atualizadas para desenvolvimento e teste de IA.

2. Material Didático Especializado. Investimento em livros, jornais acadêmicos e acesso a bancos de dados e publicações recentes relacionados ao campo da IA.

3. Formação e Capacitação Docente. Realização de programas de formação continuada para professores, garantindo que estejam atualizados com as últimas tendências e tecnologias em IA e educação.

4. Infraestrutura de Rede. Melhoria da infraestrutura de rede para suportar plataformas de IA avançadas e o uso intensivo de dados que acompanha a programação e o teste de algoritmos de IA.

Estratégias de Financiamento:

1. Parcerias Público-Privadas. Busca por financiamento através de parcerias público-privadas para cobrir os custos de implementação e manutenção da infraestrutura de IA.

2. Subsídios e Bolsas de Estudo. Candidatura a subsídios governamentais ou privados destinados à inovação educacional e à integração da tecnologia na sala de aula.

3. Doações e Patrocínios. Engajamento com ex-alunos, organizações filantrópicas e empresas de tecnologia para obter doações ou patrocínios que apoiem iniciativas de IA.

Acompanhamento e Avaliação do Plano:

1. Monitoramento Contínuo. Implementação de um sistema de monitoramento para acompanhar a eficácia do plano

educacional, utilizando métricas como rendimento dos alunos, engajamento e feedback.

2. Revisões Periódicas do Currículo. Estabelecimento de um comitê para revisar o currículo regularmente, garantindo que esteja alinhado com os avanços do campo da IA e atendendo às necessidades dos alunos.

3. Relatórios de Impacto. Elaboração de relatórios periódicos que documentem o progresso e o impacto do programa de IA no processo educacional e na comunidade em geral.

Disseminação dos Resultados:

1. Publicações Acadêmicas. Incentivo à publicação dos resultados da aprendizagem e dos projetos de pesquisa em conferências acadêmicas e jornais especializados para compartilhar inovações e descobertas com a comunidade acadêmica e profissional.

2. Apresentações em Eventos. Organização e participação em eventos educacionais e tecnológicos, onde alunos e professores possam apresentar projetos e compartilhar experiências com a aplicação da IA na educação.

3. Redes Sociais e Plataformas Digitais. Uso estratégico de redes sociais e plataformas digitais para divulgar os sucessos do programa, atrair interesse e estabelecer uma presença online que destaque a iniciativa educacional.

4. Webinars e Podcasts. Produção de webinars e podcasts que abordem tanto os avanços curriculares quanto os projetos

desenvolvidos pelos alunos, alcançando um público mais amplo e promovendo o debate sobre IA na educação.

Feedback dos Stakeholders.

1. Consulta aos Estudantes. Realização de pesquisas e grupos focais com estudantes para entender suas perspectivas e absorver suas feedback sobre a eficácia do ensino de IA.

2. Diálogo com Educadores. Manter um canal aberto com os professores e administradores para discussões regulares sobre melhorias e inovações no ensino da IA.

3. Engajamento da Comunidade. Estabelecer fóruns de discussão com membros da comunidade local, incluindo professores de outras escolas, empresas e governo, para obter suas visões e apoiar em melhorias contínuas.

Sustentabilidade do Plano.

1. Integração ao Currículo Existente. Garantir que o ensino de IA não seja uma adição isolada, mas integrado de forma sustentável e enriquecedora aos currículos existentes.

2. Desenvolvimento Profissional Contínuo. Assegurar um plano de desenvolvimento profissional contínuo para educadores, para que eles permaneçam engajados e bem equipados para ensinar sobre IA.

3. Revisão Tecnológica Regular. Implementar uma estratégia para que o equipamento e os softwares sejam revisados e atualizados regularmente, evitando a obsolescência e

garantindo que os recursos sejam os mais eficazes e relevantes possíveis.

4. Análise de Tendências em IA. Estabelecer um processo de acompanhamento das tendências emergentes em IA e ajustar o programa conforme necessário para manter sua relevância e eficácia.

5. Financiamento Contínuo. Criar um plano de financiamento a longo prazo que possa sustentar as atividades e recursos do programa educacional em IA incluindo busca contínua por novas fontes de renda.

6. Avaliação de Resultados a Longo Prazo. Implementação de um sistema para avaliar os resultados do programa de IA a longo prazo, medindo não apenas o desempenho acadêmico, mas também o impacto na empregabilidade dos alunos e inovação no setor educacional.

Resumo e Conclusão.

O plano educacional proposto visa criar um ambiente de aprendizagem robusto e inovador, onde a integração da Inteligência Artificial não é apenas um objetivo em si mesmo, mas uma ferramenta chave para enriquecer o processo educativo e preparar os alunos para o mundo tecnologicamente avançado em que vivemos.

A implementação bem-sucedida desse projeto requer uma colaboração estreita entre educadores, estudantes, parceiros da indústria e o comunidade em geral, garantindo que o ensino de IA esteja alinhado com as necessidades reais do mercado e com o bem-estar social.

2.4.2 Objetivo.

O objetivo do prompt elaborado para um plano educacional sobre inteligência artificial é orientar a criação e implementação de um programa educativo abrangente.

O foco é fornecer aos estudantes um entendimento aprofundado e prático sobre os fundamentos da inteligência artificial (IA), suas aplicações, implicações éticas, e habilidades para aplicar a IA em contextos reais e relevantes.

Os principais objetivos do prompt são:

1. Educar os estudantes sobre os conceitos chave da IA.

2. Fomentar o pensamento crítico em relação a questões éticas relacionadas à IA.

3. Desenvolver habilidades técnicas para o uso efetivo da IA.

4. Integrar a IA em projetos práticos que beneficiem a comunidade educacional e a sociedade em geral.

5. Preparar os estudantes para estarem aptos a lidar com as tecnologias de IA que serão parte integral de sua vida profissional e cotidiana.

O plano proposto também presta atenção à metodologia de ensino, avaliação do aprendizado, implementação de recursos tecnológicos, impacto comunitário, e estratégias de financiamento e sustentabilidade a longo prazo.

Desta forma, o prompt tem como intuito estruturar um ambiente de ensino dinâmico que capacite as próximas gerações a navegar e moldar o futuro da tecnologia de IA de maneira responsável e inovadora.

2.4.3   Resultado da execução do Prompt.

Título do Projeto: "AI Pathfinders - Iluminando o Amanhã com a Educação em Inteligência Artificial".

Sumário Executivo:

A escola XYZ lançará o programa "AI Pathfinders", um currículo inovador projetado para imergir os alunos no aprendizado interativo e multidisciplinar da Inteligência Artificial.

O programa não só educará sobre os aspectos técnicos da IA, como também incentivará a reflexão ética, o desenvolvimento de habilidades práticas e a aplicação de conhecimentos em desafios do mundo real.

Objetivos Educacionais Desenvolvidos:

-Estudantes de todas as séries experimentarão um currículo de IA escalonado, iniciando com princípios básicos e avançando para conceitos complexos e aplicações.

- Uma série de workshops sobre ética na IA será integrada ao currículo para abordar os dilemas morais associados à automação e à tomada de decisão algorítmica.

Para os Projetos Integradores de IA:

- Alunos do ensino médio trabalharão em projetos anuais que abordam desafios locais com soluções baseadas em IA, como um sistema de recomendação para otimizar os recursos da biblioteca da escola.

Metodologia de Ensino Aplicada:

- Salas de aula estão equipadas com dispositivos habilitados para IA e plataformas de codificação interativas, proporcionando um ensino e aprendizagem de IA vivencial.

- Um programa de mentoria foi estabelecido, conectando os alunos com profissionais de IA no campo para orientação e inspiração.

Avaliações de Aprendizado Implementadas:

- O desenvolvimento de portfólios digitais foi iniciado para os alunos documentarem seu progresso em IA refletindo sobre o aprendizado e sendo avaliados através de critérios baseados em competências.

Implementações Tecnológicas Avançadas:

- A sala de aula modelo baseada em IA foi inaugurada, utilizando assistentes de IA para tutoria personalizada e adaptativa, além de painéis de dados para monitoramento do progresso individual do aluno.

Impacto e Extensão Comunitária Realizado:

- Lançamento de uma iniciativa, "AI for Community", onde os alunos aplicam suas habilidades de IA para desenvolver soluções para problemas locais, como desenvolver um chatbot para auxiliar em serviços municipais.

Recursos Necessários Adquiridos:

- Patrocínio de empresas locais de tecnologia proporcionou aquisição de novos computadores e kits de robótica para laboratório de IA, além de acesso a plataformas de aprendizado de máquina e banco de dados.

Estratégias de Financiamento Empreendidas:

- Eventos de angariação de fundos organizados pela associação de pais e alunos, incluindo uma maratona de codificação (hackathon) que resultou na aquisição de um novo laboratório de inovação.

Acompanhamento e Avaliação do Plano Efetuado:

- Estabelecimento de um quadro de avaliação de desempenho de programa com indicadores como engajamento estudantil, satisfação do professor e resultados de aprendizado melhorados.

Disseminação dos Resultados Alcançados:

- Os alunos apresentaram seus projetos de IA na feira anual de ciências da cidade, recebendo ampla cobertura da mídia local e reconhecimento da indústria.

Feedback dos Stakeholders Coletados:

- Uma pesquisa realizada entre os estudantes revelou um aumento no interesse em carreiras relacionadas à IA e um maior entendimento das implicações sociais da tecnologia.

Sustentabilidade do Plano Assegurada:

- Introdução de um curso de IA como parte do currículo principal, garantindo sua continuidade e atualização constante com as tendências da indústria.

2.4.4 Conclusão.

Este exemplo destaca como um plano robusto e bem estruturado, baseado no prompt fornecido, pode ser realizado com sucesso.

Os alunos estão agora melhor equipados com um entendimento abrangente da IA que transcende o conhecimento teórico e os capacita a serem inovadores e eticamente conscientes ao aplicar a IA no mundo real.

A escola XYZ continuará a refiná-lo, garantindo que o programa "AI Pathfinders" permaneça na vanguarda da educação tecnológica e continue a inspirar não só os alunos, mas também a comunidade em geral para aproveitar o potencial da inteligência artificial de maneira responsável e inovadora.

Com o sucesso deste programa, a escola estabelece um legado de excelência educacional e prepara seus alunos para serem líderes e criadores de mudanças na era da tecnologia avançada.

2.5   Prompt 5.

2.5.1   Texto do prompt.

Gere ideias de postagens para Instagram que destaquem nossos produtos/serviços locais e engajem a comunidade.

2.5.2   Objetivo.

Para criar postagens no Instagram que destaquem seus produtos ou serviços locais e engajem a comunidade, as ideias devem ser visualmente atraentes, comunicar os valores da sua marca e incentivar a interação.

Abaixo estão algumas ideias específicas:

1. Showcase de Produtos/Sevices com Histórias Locais.

- Post. Uma série de fotos ou vídeos que contam a história por trás de um produto/serviço específico, destacando como ele é criado, sua origem na comunidade local e o que o torna único.

- Engajamento. Inclua uma pergunta na legenda incentivando seguidores a compartilharem suas próprias experiências ou memórias relacionadas ao seu produto ou localidade.

2. LocalLove Wednesday.

- Post. Todas as quartas-feiras, destaque um cliente ou um negócio parceiro local usando seus produtos ou serviços.

- Engajamento. Encoraje outras empresas e clientes a usar uma hashtag especial para serem apresentados no seu feed.

3. Antes e Depois.

- Post. Antes e depois de fotos mostrando a transformação alcançada através do uso dos seus serviços ou produtos.

- Engajamento. Peça aos seguidores que marquem amigos que poderiam se beneficiar ou se interessar pela transformação ou serviço.

4. Quiz e Perguntas de História Local.

- Post. Quiz sobre curiosidades locais interligadas com o seu produto/serviço, por exemplo, "Qual o ingrediente secreto local que usamos em nosso produto X?"

- Engajamento. Peça aos seguidores para comentarem suas respostas e ofereça um pequeno prêmio ou desconto para a primeira resposta correta.

5. Campanhas de Hashtag.

- Post. Inicie uma campanha de hashtag que incentive os seguidores a postarem como eles usam seus produtos em suas vidas diárias.

- Engajamento. Feature user posts in your stories or on your feed to strengthen community ties and increase visibility.

6. Backstage da Produção.

- Post. Stories ou posts mostrando o processo de fabricação dos produtos ou bastidores do fornecimento de serviços, dando uma visão transparente e humana da sua empresa.

- Engajamento. Convide os seguidores a enviar perguntas que possam ser respondidas em futuros vídeos ou posts.

7. Dicas e Truques.

- Post. Conteúdo educativo mostrando como melhor utilizar seus produtos ou tirar proveito de seus serviços.

- Engajamento. Solicite aos seguidores que compartilhem suas próprias dicas ou formas favoritas de usar seus produtos.

8. Competições e Desafios Comunitários.

- Post. Desafios ou competições que encorajem seus seguidores a criar conteúdo ou realizar ações que envolvam seu produto/serviço.

- Engajamento. Ofereça prêmios e reconhecimento no seu perfil para os vencedores, trazendo uma sensação de comunidade e colaboração.

9. Testemunhos e Reviews.

- Post. Vídeos ou citações de clientes satisfeitos, especialmente aqueles conhecidos ou influentes na comunidade local.

- Engajamento. Incentive os clientes a enviar seus próprios testemunhos para terem a chance de serem destacados.

10. Postagens de Apreciação dos Funcionários.

- Post. Apresentações dos membros da equipe e o papel que desempenham na entrega dos produtos/serviços.

- Engajamento. Pergunte aos seguidores para enviarem agradecimentos ou shout-outs para os membros da equipe, valorizando o trabalho por trás das cenas.

11. Parcerias Locais.

- Post. Anúncios de parcerias com outros negócios locais, mostrando como a colaboração beneficia a comunidade.

- Engajamento. Encoraje os seguidores a apoiar essas parcerias e explorar o que outras empresas locais têm a oferecer.

12. Celebração de Marcos Comunitários.

- Post. Comemoração de aniversários da empresa, marcos de seguidores ou celebração de eventos locais importantes, ligando com a história ou o impacto do seu negócio na comunidade.

- Engajamento. Convide a comunidade a compartilhar suas próprias histórias e celebrações, criando uma colagem de memórias e experiências comuns.

13. Spotlight Semanal do Produto/Serviço.

- Post. Uma série semanal focada em um produto ou serviço específico, incluindo detalhes, curiosidades e formas de uso.

- Engajamento. Incentive os seguidores a postar com o seu produto e marcar sua conta, promovendo interação e possíveis reposts.

14. Pergunta da Semana.

- Post. Usar as enquetes do Instagram para engajar os seguidores em perguntas relacionadas a seus produtos, serviços ou curiosidades locais.

- Engajamento. Utilize as respostas para gerar futuros conteúdos e fazer com que os seguidores se sintam parte do processo criativo da sua marca.

15. Sessões de Q&A (Perguntas & Respostas).

- Post. Sessões periódicas de Q&A onde a equipe responde perguntas dos seguidores sobre produtos, serviços ou o negócio em geral.

- Engajamento. Além de responder perguntas, aproveite para fazer perguntas aos seguidores e incentivar uma conversa bidirecional.

16. Flashbacks de Sexta-Feira.

- Post. Compartilhar fotos ou histórias antigas da evolução da empresa e como os produtos/serviços mudaram ao longo do tempo.

- Engajamento. Peça aos seguidores para compartilharem suas próprias memórias e interações com a marca ao longo dos anos.

17. Ofertas Exclusivas do Instagram.

- Post. Promoções exclusivas para os seguidores do Instagram, como descontos, amostras grátis ou acesso antecipado a novas ofertas.

- Engajamento. Encoraje os seguidores a usarem um código específico ao fechar a compra ou a mostrarem o post quando visitarem sua loja física para aproveitar a oferta especial.

18. Inspiração de Segunda-Feira com Missão da Empresa.

- Post. Mensagens motivacionais relacionadas à missão da sua empresa, reforçando o porquê de você fazer o que faz e o valor que isso traz para a comunidade.

- Engajamento. Incentive os seguidores a começarem a semana com positividade e a compartilharem suas próprias metas ou como planejam contribuir para a comunidade.

19. Dia Temático do Produto/Serviço.

- Post. Escolher um dia da semana para focar em uma categoria específica de produto ou serviço (por exemplo, #TechTuesday para destacar os mais recentes gadgets tecnológicos se você é uma loja de tecnologia).

- Engajamento. Peça aos seguidores para postarem suas próprias experiências com a categoria temática ou para sugerirem produtos/serviços que desejam ver no futuro.

20. Descontos Progressivos para Seguidores Engajados.

- Post. Anunciar um sistema de descontos que cresce com o número de interações ou menções que sua postagem recebe.

- Engajamento. Incentive os seguidores a curtirem, comentarem e compartilharem a postagem para desbloquear níveis maiores de desconto, transformando o engajamento em economia real.

21. Depoimentos "Na Vida Real".

- Post. Peça a clientes reais que façam vídeos curtos falando sobre como seu produto ou serviço ajudou ou melhorou suas vidas.

- Engajamento. Conecte essas histórias pessoais com a marca e encoraje outros usuários a fazerem o mesmo, usando uma hashtag específica.

Utilize estas ideias criativamente e sempre busque criar conteúdo que ressoe com seus seguidores e destaque os aspectos únicos da sua marca. Além disso, esteja sempre atento aos comentários

2.5.3   Resultado.

Vamos escolher a ideia de "Showcase de Produtos/Services com Histórias Locais" e criar um exemplo de postagem para o Instagram.

Imagem.

Uma foto cativante de um produto artesanal local, talvez uma peça de cerâmica, com uma paleta de cores atraentes e uma textura rica que capta a atenção no feed.

Legenda.

Por trás de cada peça que criamos, existe uma história única. Hoje, damos destaque à nossa coleção exclusiva de cerâmicas feitas à mão, que não só capturam a beleza do nosso litoral, mas também sustentam a tradição artesanal de nossa cidade.

Cada vaso e prato são moldados com argila local e pintados com designs que representam os contornos vibrantes e a tranquilidade do mar que nos cerca. Esta peça (deslize para ver mais 📷) foi inspirada pelo pôr do sol na Praia da Tamarineira, um espetáculo que nunca falha em nos deixar sem fôlego.

Conte-nos, qual cena da nossa amada cidade você gostaria de ver refletida em nossa próxima coleção?

Story Interativo.

Um vídeo mostrando o artista moldando a argila e pintando o design no ateliê, com um sticker de enquete para votação sobre a próxima inspiração de design.

Engajamento.

Encorajar os seguidores a compartilharem Postagem no Feed de Continuação.

Imagem.

Foto em close da peça acabada ao lado de ferramentas de cerâmica, com detalhes da textura e a iluminação que destaca o trabalho manual.

Legenda.

Cada ferramenta nos conta uma história, cada marca na argila é um sinal da paixão pelo artesanato. Esta é mais do que uma cerâmica; é um pedaço da alma do nosso artesão e da essência vibrante de nosso lar. A beleza do feito à mão está nos detalhes que nenhum outro pode replicar.

Deslize ➡ para explorar a jornada desta criação, desde a argila até a peça final em sua glória brilhante. E, claro, se ela já está chamando seu nome, visite nosso site para adotá-la em sua coleção.

E continuamos curiosos... qual pedacinho da nossa cidade gostaria de levar para casa? Partilhe suas ideias e quem sabe a próxima peça será a que você inspirou!

Engajamento.

- Solicitar aos seguidores para marcar um amigo que ama decoração de interiores ou quem aprecia o artesanato autêntico.

- Convidar a audiência para visitar o website para ver a coleção completa ou até mesmo assistir a um vídeo do processo criativo.

- Pedir a opinião dos seguidores sobre qual deveria ser a próxima peça da coleção, fornecendo um link nos stories para votação em um formulário online ou site.

Stories Adicionais.

1. Story 1. Uma rápida sessão de perguntas e respostas com o artesão, compartilhando mais sobre a vida de ceramista e respondendo curiosidades dos seguidores.

2. Story 2. Uma visão detalhada dos próximos designs em progresso, talvez em estágios iniciais, com stickers de "adivinhe o que é" para manter o público envolvido e adivinhando.

3. Story 3. Animação mostrando o processo de empacotamento de uma peça vendida, enfatizando a atenção cuidadosa aos detalhes e o uso de materiais sustentáveis para o embalo.

4. Story 4. Anúncio de um evento local onde as peças estarão sendo vendidas ou exibidas, convidando os seguidores a conhecer o artesão pessoalmente e a experimentar as obras de perto.

Live Session Agendada.

- Anúncio. Uma sessão ao vivo com o artesão demonstrando técnicas de cerâmica e respondendo a perguntas ao vivo dos seguidores.

- Engajamento. Encorajar antecipadamente os seguidores a enviar perguntas e acompanhar a sessão para um cupom de desconto exclusivo para os participantes da live.

Compilação de Destaques dos Seguidores.

- Postagem Futura. Mostrar as peças em uso na casa dos compradores, compartilhando uma série de fotos enviadas pelos seguidores que destaque como esses produtos artesanais enriquecem seus espaços pessoais.

- Engajamento. Encorajar os clientes a continuarem compartilhando suas fotos usando uma hashtag especialmente designada para a marca ou coleção para terem a chance de serem apresentados no feed.

Resultado Esperado das Continuações.

Além de gerar envolvimento imediato, estas ações visam estabelecer um relacionamento duradouro com a comunidade, incentivando o contínuo apoio e envolvimento dos seguidores.

A interação humana através de perguntas e respostas e eventos ao vivo adicionam uma camada de autenticidade e confiança à marca. A compilação dos destaques dos seguidores serve para validar a qualidade e o apelo dos produtos, criando também uma prova social que pode incentivar novos clientes a fazerem suas compras.

3   Roteiro básico para elaborar prompts de qualidade.

Criar um prompt eficaz para a geração de linguagem é uma arte e uma ciência, pois precisa ser claro, direcionado e suficientemente aberto para permitir respostas criativas ou informativas. Aqui está um roteiro básico para construir ótimos prompts:
1. Etapa 1: definição do Objetivo.

Identifique o Propósito:

- Informação: Buscar dados ou explicações sobre um tópico específico.
- Criatividade: Gerar conteúdo criativo como histórias, poesias ou ideias.
- Resolução de Problemas: Encontrar soluções ou sugestões para um problema dado.
- Educação: Aprender ou ensinar sobre um tópico determinado.

2. Etapa 2: clareza e Especificidade.

Seja Claro:
- Use linguagem direta e compreensível.
- Evite ambiguidades que possam confundir o modelo.

Seja Específico:
- Forneça detalhes chave se necessário.
- Restrinja o escopo para focar na questão central.

3. Etapa 3: contextualização.

Forneça Contexto:
- Se o prompt estiver baseado em conhecimento prévio ou situacional, inclua informações relevantes.
- Sitúe o prompt no tempo e espaço, se relevante.

4. Etapa 4: abertura.

Equilibre Direção e Liberdade:

- Dê ao modelo uma direção, mas deixe espaço para desenvolvimento de ideias.
- Evite fechar todas as portas para possíveis respostas criativas ou alternativas.

5. Etapa 5: expectativas de Formato.

Defina o Formato:
- Se espera uma lista, um parágrafo, um diálogo etc., indique isso explicitamente.
- Se a gramática e estilo são importantes, como em escrita criativa, destaque a preferência.

6. Etapa 6: revisão e Teste.

Revise o Prompt:

- Verifique se o prompt está claro e livre de erros de digitação.

- Confirme se o prompt está alinhado com os objetivos pretendidos.

Teste e Ajuste:

- Teste o prompt com uma geração de linguagem para observar as respostas.
- Faça ajustes conforme necessário para refinar o foco ou clareza do prompt.

7. Etapa 7: inclusão de Examples (Se Aplicável).

Inclua Exemplos:

- Se for útil, forneça um exemplo de como a resposta deve parecer.
- Exemplos podem ajudar a orientar o modelo e estabelecer padrões de resposta.

8. Etapa 8: uso de Follow-Up Questions.

Elabore Questões de Seguimento:

- Prepare perguntas de seguimento para aprofundar a resposta ou explorar diferentes aspectos do tópico.
- Pense em possíveis respostas e como você gostaria de continuar a conversa.

9. Etapa 9: avaliação da Complexidade.

Ajuste a Complexidade:

- Considere se o prompt está muito complexo e pode ser simplificado.
- Alternativamente, avalie se está muito simples e pode ser enriquecido com mais detalhes ou nuances.

10. Etapa 10: atenção ao Feedback.

Observe as Respostas:

- Monitore as respostas geradas para entender como o modelo está tratando o seu prompt.

- Use o feedback para iterar e melhorar os prompts futuros.

Exemplo de um Prompt Bem Construído:

- Para Obter Informações:

  "Explique os principais eventos que levaram à Revolução Francesa, incluindo o contexto social e econômico da época, e como esses eventos contribuíram para o desenrolar da revolução."
- Para Criatividade:

"Escreva um conto curto sobre um astronauta que descobre uma civilização antiga em Marte, focando na reação emocional do personagem e na descrição viva do cenário marciano."

- Para Resolução de Problemas:

"Elabore uma estratégia passo a passo para uma pequena empresa de jardinagem aumentar sua base de clientes em uma área metropolitana, considerando um orçamento limitado."

- Para Educação:

"Desenvolva um plano de aula interativo para ensinar o teorema de Pitágoras a alunos do 8º ano, incluindo atividades práticas e abordagens para acomodar diferentes estilos de aprendizagem."

Ao seguir este roteiro, você poderá construir prompts que são claros, direcionados e eficazes para obter as respostas desejadas de um modelo de processamento de linguagem natural. Lembre-se de que a prática leva à perfeição; quanto mais você experimentar e ajustar seus prompts, melhor você se tornará em induzir respostas de alta qualidade.

4   Conclusão.

Chegamos ao final desta jornada pela fascinante paisagem da inteligência artificial. Ao longo destas páginas, exploramos o papel fundamental dos dados na construção de modelos inteligentes, a importância da informação e do conhecimento na tomada de decisões e os desafios e oportunidades que a IA nos apresenta.

Vimos como os algoritmos de aprendizado de máquina são capazes de identificar padrões complexos em grandes volumes de dados, permitindo a criação de sistemas inteligentes que podem prever o futuro, personalizar experiências e automatizar tarefas.

No entanto, a inteligência artificial não é apenas uma ferramenta para aumentar a eficiência e a produtividade. É também um poderoso instrumento para transformar a sociedade, impulsionando a inovação, resolvendo problemas globais e melhorando a qualidade de vida.

E esta é apenas a ponta do iceberg.

A inteligência artificial é um campo em constante evolução, com novas descobertas e aplicações surgindo a cada dia. Ao longo da coleção "Inteligência artificial: o poder dos dados", você terá a oportunidade de explorar outros aspectos fascinantes da IA, como:

- Ética na inteligência artificial: como garantir que a IA seja desenvolvida e utilizada de forma responsável e ética?

- Inteligência artificial e o futuro do trabalho: quais serão as implicações da IA para o mercado de trabalho?

- Inteligência artificial e a sociedade: como a IA está moldando nossas relações sociais, culturais e políticas?

Este livro é apenas um passo de uma jornada essencial no campo da inteligência artificial. Este volume é parte de uma coleção maior, "Inteligência Artificial: O Poder dos Dados", com 49 volumes que exploram, em profundidade, diferentes aspectos da IA e da ciência de dados.

Os demais volumes abordam temas igualmente cruciais, como a integração de sistemas de IA, a análise preditiva e o uso de algoritmos avançados para tomada de decisões.

Ao adquirir e ler os demais livros da coleção, disponíveis na Amazon, você terá uma visão holística e profunda que permitirá não só otimizar a governança de dados, mas também potencializar o impacto da inteligência artificial nas suas operações.

Não perca a oportunidade de aprofundar seus conhecimentos sobre inteligência artificial e se tornar um profissional mais preparado para os desafios do futuro.

5 Referências bibliográficas.

BISHOP, C. (2006). Pattern Recognition and Machine Learning. Springer.

CHOLLET, F. (2021). Deep Learning with Python. Manning Publications.

DOMINGOS, P. (2015). The Master Algorithm: How the Quest for the Ultimate Learning Machine Will Remake Our World. Basic Books.

DUDA, R.; HART, P.; STORK, D. (2006). Pattern Classification. Wiley.

GERON, A. (2022). Hands-On Machine Learning with Scikit-Learn, Keras, and TensorFlow: Concepts, Tools, and Techniques to Build Intelligent Systems. O'Reilly Media.

GOLDBERG, Y. (2017). Neural Network Methods in Natural Language Processing. Morgan & Claypool Publishers.

KELLEHER, John D. (2019). Deep Learning. MIT Press.

JAMES, G.; WITTEN, D.; HASTIE, T.; TIBSHIRANI, R. (2021). An Introduction to Statistical Learning: With Applications in R. Springer.

JURAFSKY, D.; MARTIN, J. (2020). Speech and Language Processing: An Introduction to Natural Language Processing, Computational Linguistics, and Speech Recognition. Pearson.

KAPOOR, R.; MAHONEY, M. (2021). AI-Powered: How Prompt Engineering Transforms Data Into Knowledge. CRC Press.

LANGE, K. (2010). Optimization. Springer.

LECUN, Y.; BENGIO, Y. (2020). Advances in Neural Information Processing Systems. MIT Press.

MARR, B. (2018). Artificial Intelligence in Practice: How 50 Successful Companies Used AI and Prompt Engineering to Solve Problems. Wiley.

MITCHELL, T. (1997). Machine Learning. McGraw-Hill.

MOHAN, V. (2021). Mastering Prompt Engineering for AI Applications. Packt Publishing.

MULLER, A. C.; GUIDO, S. (2016). Introduction to Machine Learning with Python: A Guide for Data Scientists. O'Reilly Media.

MURPHY, K. (2012). Machine Learning: A Probabilistic Perspective. MIT Press.

PATTERSON, D.; HENNESSY, J. (2021). Computer Organization and Design: The Hardware/Software Interface. Morgan Kaufmann.

PINTO, M.V (2024 -1). Artificial Intelligence – Essential Guide. ISBN. 979-8322751175. Independently published. ASIN. B0D1N7TJL8.

RAGHU, M.; SCHMIDHUBER, J. (2020). AI Thinking: How Prompt Engineering Enhances Human-Computer Interaction. MIT Press.

RAJPUT, D. (2020). Artificial Intelligence and Machine Learning: Developing AI Solutions Using Prompt Engineering. BPB Publications.

RUSSELL, S.; NORVIG, P. (2020). Artificial Intelligence: A Modern Approach. Pearson.

SEN, S.; KAMEL, M. (2021). AI Design Patterns: Leveraging Prompt Engineering to Build Better AI Systems. Springer.

SMITH, B.; ERNST, A. (2021). Artificial Intelligence and the Future of Work: How Prompt Engineering Shapes Tomorrow's Jobs. Oxford University Press.

SUTTON, R.; BARTO, A. (2018). Reinforcement Learning: An Introduction. MIT Press.

TAO, Q. (2022). Artificial Intelligence Ethics and Prompt Engineering: Balancing Innovation with Responsibility. Routledge.

VANDERPLAS, J. (2016). Python Data Science Handbook: Essential Tools for Working with Data. O'Reilly Media.

ZHANG, Z.; DONG, Y. (2021). AI Systems: Foundations, Prompt Engineering, and Advanced Techniques. CRC Press.

6 Descubra a Coleção Completa "Inteligência Artificial e o Poder dos Dados" – Um Convite para Transformar sua Carreira e Conhecimento.

A Coleção "Inteligência Artificial e o Poder dos Dados" foi criada para quem deseja não apenas entender a Inteligência Artificial (IA), mas também aplicá-la de forma estratégica e prática.

Em uma série de volumes cuidadosamente elaborados, desvendo conceitos complexos de maneira clara e acessível, garantindo ao leitor uma compreensão completa da IA e de seu impacto nas sociedades modernas.

Não importa seu nível de familiaridade com o tema: esta coleção transforma o difícil em didático, o teórico em aplicável e o técnico em algo poderoso para sua carreira.

6.1 Por Que Comprar Esta Coleção?

Estamos vivendo uma revolução tecnológica sem precedentes, onde a IA é a força motriz em áreas como medicina, finanças, educação, governo e entretenimento.

A coleção "Inteligência Artificial e o Poder dos Dados" mergulha profundamente em todos esses setores, com exemplos práticos e reflexões que vão muito além dos conceitos tradicionais.

Você encontrará tanto o conhecimento técnico quanto as implicações éticas e sociais da IA incentivando você a ver essa tecnologia não apenas como uma ferramenta, mas como um verdadeiro agente de transformação.

Cada volume é uma peça fundamental deste quebra-cabeça inovador: do aprendizado de máquina à governança de dados e da ética à aplicação prática.

Com a orientação de um autor experiente, que combina pesquisa acadêmica com anos de atuação prática, esta coleção é mais do que um conjunto de livros – é um guia indispensável para quem quer navegar e se destacar nesse campo em expansão.

6.2   Público-Alvo desta Coleção?

Esta coleção é para todos que desejam ter um papel de destaque na era da IA:
- ✓ Profissionais da Tecnologia: recebem insights técnicos profundos para expandir suas habilidades.

- ✓ Estudantes e Curiosos: têm acesso a explicações claras que facilitam o entendimento do complexo universo da IA.

- ✓ Gestores, líderes empresariais e formuladores de políticas também se beneficiarão da visão estratégica sobre a IA, essencial para a tomada de decisões bem-informadas.

- ✓ Profissionais em Transição de Carreira: Profissionais em transição de carreira ou interessados em se especializar em IA encontram aqui um material completo para construir sua trajetória de aprendizado.

6.3   Muito Mais do Que Técnica – Uma Transformação Completa.

Esta coleção não é apenas uma série de livros técnicos; é uma ferramenta de crescimento intelectual e profissional.

Com ela, você vai muito além da teoria: cada volume convida a uma reflexão profunda sobre o futuro da humanidade em um mundo onde máquinas e algoritmos estão cada vez mais presentes.

Este é o seu convite para dominar o conhecimento que vai definir o futuro e se tornar parte da transformação que a Inteligência Artificial traz ao mundo.

Seja um líder em seu setor, domine as habilidades que o mercado exige e prepare-se para o futuro com a coleção "Inteligência Artificial e o Poder dos Dados".

Esta não é apenas uma compra; é um investimento decisivo na sua jornada de aprendizado e desenvolvimento profissional.

Prof. Marcão - Marcus Vinícius Pinto

Mestre em Tecnologia da Informação.
Especialista em Inteligência Artificial, Governança de Dados e Arquitetura de Informação.

7   Os Livros da Coleção.

7.1   Dados, Informação e Conhecimento na era da Inteligência Artificial.

Este livro explora de forma essencial as bases teóricas e práticas da Inteligência Artificial, desde a coleta de dados até sua transformação em inteligência. Ele foca, principalmente, no aprendizado de máquina, no treinamento de IA e nas redes neurais.

7.2   Dos Dados em Ouro: Como Transformar Informação em Sabedoria na Era da IA.

Este livro oferece uma análise crítica sobre a evolução da Inteligência Artificial, desde os dados brutos até a criação de sabedoria artificial, integrando redes neurais, aprendizado profundo e modelagem de conhecimento.

Apresenta exemplos práticos em saúde, finanças e educação, e aborda desafios éticos e técnicos.

7.3   Desafios e Limitações dos Dados na IA.

O livro oferece uma análise profunda sobre o papel dos dados no desenvolvimento da IA explorando temas como qualidade, viés, privacidade, segurança e escalabilidade com estudos de caso práticos em saúde, finanças e segurança pública.

7.4   Dados Históricos em Bases de Dados para IA: Estruturas, Preservação e Expurgo.

Este livro investiga como a gestão de dados históricos é essencial para o sucesso de projetos de IA. Aborda a relevância das normas ISO para garantir qualidade e segurança, além de analisar tendências e inovações no tratamento de dados.

7.5   Vocabulário Controlado para Dicionário de Dados: Um Guia Completo.

Este guia completo explora as vantagens e desafios da implementação de vocabulários controlados no contexto da IA e da ciência da informação. Com uma abordagem detalhada, aborda desde a nomeação de elementos de dados até as interações entre semântica e cognição.

7.6   Curadoria e Administração de Dados para a Era da IA.

Esta obra apresenta estratégias avançadas para transformar dados brutos em insights valiosos, com foco na curadoria meticulosa e administração eficiente dos dados. Além de soluções técnicas, aborda questões éticas e legais, capacitando o leitor a enfrentar os desafios complexos da informação.

7.7   Arquitetura de Informação.

A obra aborda a gestão de dados na era digital, combinando teoria e prática para criar sistemas de IA eficientes e escaláveis, com insights sobre modelagem e desafios éticos e legais.

7.8   Fundamentos: O Essencial para Dominar a Inteligência Artificial.

Uma obra essencial para quem deseja dominar os conceitos-chave da IA, com uma abordagem acessível e exemplos práticos. O livro explora inovações como Machine Learning e Processamento de Linguagem Natural, além dos desafios éticos e legais e oferece uma visão clara do impacto da IA em diversos setores.

7.9 LLMS - Modelos de Linguagem de Grande Escala.

Este guia essencial ajuda a compreender a revolução dos Modelos de Linguagem de Grande Escala (LLMs) na IA.

O livro explora a evolução dos GPTs e as últimas inovações em interação humano-computador, oferecendo insights práticos sobre seu impacto em setores como saúde, educação e finanças.

7.10 Machine Learning: Fundamentos e Avanços.

Este livro oferece uma visão abrangente sobre algoritmos supervisionados e não supervisionados, redes neurais profundas e aprendizado federado. Além de abordar questões de ética e explicabilidade dos modelos.

7.11 Por Dentro das Mentes Sintéticas.

Este livro revela como essas 'mentes sintéticas' estão redefinindo a criatividade, o trabalho e as interações humanas. Esta obra apresenta uma análise detalhada dos desafios e oportunidades proporcionados por essas tecnologias, explorando seu impacto profundo na sociedade.

7.12 A Questão dos Direitos Autorais.

Este livro convida o leitor a explorar o futuro da criatividade em um mundo onde a colaboração entre humanos e máquinas é uma realidade, abordando questões sobre autoria, originalidade e propriedade intelectual na era das IAs generativas.

7.13 1121 Perguntas e Respostas: Do Básico ao Complexo– Parte 1 A 4.

Organizadas em quatro volumes, estas perguntas servem como guias práticos essenciais para dominar os principais conceitos da IA.

A Parte 1 aborda informação, dados, geoprocessamento, a evolução da inteligência artificial, seus marcos históricos e conceitos básicos.

A Parte 2 aprofunda-se em conceitos complexos como aprendizado de máquina, processamento de linguagem natural, visão computacional, robótica e algoritmos de decisão.

A Parte 3 aborda questões como privacidade de dados, automação do trabalho e o impacto de modelos de linguagem de grande escala (LLMs).

Parte 4 explora o papel central dos dados na era da inteligência artificial, aprofundando os fundamentos da IA e suas aplicações em áreas como saúde mental, governo e combate à corrupção.

7.14 O Glossário Definitivo da Inteligência Artificial.

Este glossário apresenta mais de mil conceitos de inteligência artificial explicados de forma clara, abordando temas como Machine Learning, Processamento de Linguagem Natural, Visão Computacional e Ética em IA.

- A parte 1 contempla conceitos iniciados pelas letras de A a D.

- A parte 2 contempla conceitos iniciados pelas letras de E a M.
- A parte 3 contempla conceitos iniciados pelas letras de N a Z.

7.15 Engenharia de Prompt - Volumes 1 a 6.

Esta coleção abrange todos os fundamentos da engenharia de prompt, proporcionando uma base completa para o desenvolvimento profissional.

Com uma rica variedade de prompts para áreas como liderança, marketing digital e tecnologia da informação, oferece exemplos práticos para melhorar a clareza, a tomada de decisões e obter insights valiosos.

Os volumes abordam os seguintes assuntos:

- Volume 1: Fundamentos. Conceitos Estruturadores e História da Engenharia de Prompt.
- Volume 2: Segurança e Privacidade em IA.
- Volume 3: Modelos de Linguagem, Tokenização e Métodos de Treinamento.
- Volume 4: Como Fazer Perguntas Corretas.
- Volume 5: Estudos de Casos e Erros.
- Volume 6: Os Melhores Prompts.

7.16 Guia para ser um Engenheiro De Prompt – Volumes 1 e 2.

A coleção explora os fundamentos avançados e as habilidades necessárias para ser um engenheiro de prompt bem-sucedido, destacando os benefícios, riscos e o papel crítico que essa função desempenha no desenvolvimento da inteligência artificial.

O Volume 1 aborda a elaboração de prompts eficazes, enquanto o Volume 2 é um guia para compreender e aplicar os fundamentos da Engenharia de Prompt.

7.17 Governança de Dados com IA – Volumes 1 a 3.

Descubra como implementar uma governança de dados eficaz com esta coleção abrangente. Oferecendo orientações práticas, esta coleção abrange desde a arquitetura e organização de dados até a proteção e garantia de qualidade, proporcionando uma visão completa para transformar dados em ativos estratégicos.

O volume 1 aborda as práticas e regulações. O volume 2 explora em profundidade os processos, técnicas e melhores práticas para realizar auditorias eficazes em modelos de dados. O volume 3 é seu guia definitivo para implantação da governança de dados com IA.

7.18 Governança de Algoritmos.

Este livro analisa o impacto dos algoritmos na sociedade, explorando seus fundamentos e abordando questões éticas e regulatórias. Aborda transparência, accountability e vieses, com soluções práticas para auditar e monitorar algoritmos em setores como finanças, saúde e educação.

7.19 De Profissional de Ti para Expert em IA: O Guia Definitivo para uma Transição de Carreira Bem-Sucedida.

Para profissionais de Tecnologia da Informação, a transição para a IA representa uma oportunidade única de aprimorar habilidades e contribuir para o desenvolvimento de soluções inovadoras que moldam o futuro.

Neste livro, investigamos os motivos para fazer essa transição, as habilidades essenciais, a melhor trilha de aprendizado e as perspectivas para o futuro do mercado de trabalho em TI.

7.20 Liderança Inteligente com IA: Transforme sua Equipe e Impulsione Resultados.

Este livro revela como a inteligência artificial pode revolucionar a gestão de equipes e maximizar o desempenho organizacional.

Combinando técnicas de liderança tradicionais com insights proporcionados pela IA, como a liderança baseada em análise preditiva, você aprenderá a otimizar processos, tomar decisões mais estratégicas e criar equipes mais eficientes e engajadas.

7.21 Impactos e Transformações: Coleção Completa.

Esta coleção oferece uma análise abrangente e multifacetada das transformações provocadas pela Inteligência Artificial na sociedade contemporânea.

- Volume 1: Desafios e Soluções na Detecção de Textos Gerados por Inteligência Artificial.
- Volume 2: A Era das Bolhas de Filtro. Inteligência Artificial e a Ilusão de Liberdade.
- Volume 3: Criação de Conteúdo com IA - Como Fazer?
- Volume 4: A Singularidade Está Mais Próxima do que Você Imagina.
- Volume 5: Burrice Humana versus Inteligência Artificial.
- Volume 6: A Era da Burrice! Um Culto à Estupidez?
- Volume 7: Autonomia em Movimento: A Revolução dos Veículos Inteligentes.
- Volume 8: Poiesis e Criatividade com IA.
- Volume 9: Dupla perfeita: IA + automação.

- Volume 10: Quem detém o poder dos dados?

7.22 Big Data com IA: Coleção Completa.

A coleção aborda desde os fundamentos tecnológicos e a arquitetura de Big Data até a administração e o glossário de termos técnicos essenciais.

A coleção também discute o futuro da relação da humanidade com o enorme volume de dados gerados nas bases de dados de treinamento em estruturação de Big Data.

- Volume 1: Fundamentos.
- Volume 2: Arquitetura.
- Volume 3: Implementação.
- Volume 4: Administração.
- Volume 5: Temas Essenciais e Definições.
- Volume 6: Data Warehouse, Big Data e IA.

8 Sobre o Autor.

Sou Marcus Pinto, mais conhecido como Prof. Marcão, especialista em tecnologia da informação, arquitetura da informação e inteligência artificial.

Com mais de quatro décadas de atuação e pesquisa dedicadas, construí uma trajetória sólida e reconhecida, sempre focada em tornar o conhecimento técnico acessível e aplicável a todos os que buscam entender e se destacar nesse campo transformador.

Minha experiência abrange consultoria estratégica, educação e autoria, além de uma atuação extensa como analista de arquitetura de informação.

Essa vivência me capacita a oferecer soluções inovadoras e adaptadas às necessidades em constante evolução do mercado tecnológico, antecipando tendências e criando pontes entre o saber técnico e o impacto prático.

Ao longo dos anos, desenvolvi uma expertise abrangente e aprofundada em dados, inteligência artificial e governança da informação – áreas que se tornaram essenciais para a construção de sistemas robustos e seguros, capazes de lidar com o vasto volume de dados que molda o mundo atual.

Minha coleção de livros, disponível na Amazon, reflete essa expertise, abordando temas como Governança de Dados, Big Data e Inteligência Artificial com um enfoque claro em aplicações práticas e visão estratégica.

Autor de mais de 150 livros, investigo o impacto da inteligência artificial em múltiplas esferas, explorando desde suas bases técnicas até as questões éticas que se tornam cada vez mais urgentes com a adoção dessa tecnologia em larga escala.

Em minhas palestras e mentorias, compartilho não apenas o valor da IA, mas também os desafios e responsabilidades que acompanham sua implementação – elementos que considero essenciais para uma adoção ética e consciente.

Acredito que a evolução tecnológica é um caminho inevitável. Meus livros são uma proposta de guia nesse trajeto, oferecendo insights profundos e acessíveis para quem deseja não apenas entender, mas dominar as tecnologias do futuro.

Com um olhar focado na educação e no desenvolvimento humano, convido você a se unir a mim nessa jornada transformadora, explorando as possibilidades e desafios que essa era digital nos reserva.

9   Como Contatar o Prof. Marcão.

9.1   Para palestras, treinamento e mentoria empresarial.

marcao.tecno@gmail.com

9.2   Prof. Marcão, no Linkedin.

https://bit.ly/linkedin_profmarcao

Prof. Marcão, com vasta experiência em tecnologia da informação e marketing, atua como consultor de empresas, mentor de carreira e produtor de conteúdo. Autor de mais de 100 livros, utiliza metodologias inovadoras para projetos eficientes contribuindo para a arquitetura de informação.

Quer transformar suas ideias em realidade? Desbloquear o potencial da IA e aumentar sua produtividade? Com "Engenharia de Prompt", você aprenderá a formular as perguntas perfeitas para obter as melhores respostas dos modelos de linguagem.
Neste livro, você irá:

- Desvendar os segredos dos prompts: Aprenda a criar perguntas que geram resultados incríveis.
- Dominar a IA: Utilize a inteligência artificial para impulsionar sua criatividade e resolver problemas complexos.
- Aumentar sua produtividade: Automatize tarefas e otimize seus processos de trabalho.
- Explorar diversas áreas: Desde a escrita criativa até a análise de dados, as possibilidades são infinitas.

Não perca a oportunidade de dominar uma das habilidades mais importantes do futuro. Adquira agora mesmo os livros da coleção "Engenharia de Prompt" e comece a revolucionar a forma como você trabalha e cria.

ISBN 9798343826050

90000

9 798343 826050